EDUCAR OS SENTIMENTOS

CB017766

Conheça nossos clubes

Conheça nosso site

- @editoraquadrante
- @editoraquadrante
- @quadranteeditora
- Quadrante

Título original
Educar los sentimientos: Inteligencia emocional y equilibrio afectivo

Copyright © Ediciones Palabra, S. A.

Capa
Gabriela Haeitmann

Dados Internacionais de Catalogação na Publicação (CIP)

Aguiló, Alfonso
Educar os sentimentos / Alfonso Aguiló – 1ª ed. –
São Paulo: Quadrante Editora, 2023.

ISBN: 978-85-7465-470-6

1. Educação 2. Educação de crianças 3. Família 4. Pais e filhos I. Título

CDD–370

Índices para catálogo sistemático:
1. Educação 370

Todos os direitos reservados a
QUADRANTE EDITORA
Rua Bernardo da Veiga, 47 - Tel.: 3873-2270
CEP 01252-020 - São Paulo - SP
www.quadrante.com.br / atendimento@quadrante.com.br

ALFONSO AGUILÓ

EDUCAR OS SENTIMENTOS

INTELIGÊNCIA EMOCIONAL E EQUILÍBRIO AFETIVO

Tradução
Gabriel Campos Medeiros

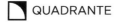

SUMÁRIO

INTRODUÇÃO 7

PRIMEIRA PARTE
AUTOCONHECIMENTO E AUTODOMÍNIO 19

CAPÍTULO 1
CONHECER-SE A SI MESMO 21

CAPÍTULO 2
CONTROLAR OS PRÓPRIOS SENTIMENTOS 37

SEGUNDA PARTE
MOTIVAR E MOTIVAR-SE 59

CAPÍTULO 3
APRENDER A MOTIVAR-SE 61

CAPÍTULO 4
RECONHECER OS SENTIMENTOS ALHEIOS 83

TERCEIRA PARTE
A POSSIBILIDADE DE MUDANÇA 111

CAPÍTULO 5
MODELAR NOSSO ESTILO SENTIMENTAL 113

CAPÍTULO 6
O TEMPERAMENTO NÃO É UM DESTINO INEVITÁVEL 141

CAPÍTULO 7
O DESENVOLVIMENTO EMOCIONAL 155

CAPÍTULO 8
OS SENTIMENTOS E A PERSONALIDADE 183

INTRODUÇÃO

O crepúsculo do QI

Foi durante os anos da Primeira Guerra Mundial que Lewis Terman criou os famosos testes intelectuais para determinar o Quociente de Inteligência (QI). O incansável investigador da Universidade de Stanford conseguiu, em poucos anos, classificar dois milhões de norte-americanos mediante a aplicação massiva desses testes. O êxito foi tão arrebatador que, em pouco tempo, o QI passou a ser considerado universalmente o principal indicador de talento pessoal.

O problema é que a ideia de que a inteligência seja um dado invariável em nossa vida impregnou, ao longo de décadas, todo o mundo ocidental: de acordo com o nosso QI, nascemos mais ou menos inteligentes, e isso é algo que nunca poderá mudar.

Felizmente, há alguns anos toda essa concepção entrou em crise, sobretudo depois da publicação de *Estruturas da mente*, livro no qual o autor Howard Gardner propunha a nova visão da inteligência como uma capacidade múltipla: não há, propriamente, um único tipo de inteligência essencial para se obter sucesso na vida, mas uma ampla gama de capacidades intelectuais, que Gardner agrupou em sete inteligências básicas: linguística ou verbal, lógico-matemática, musical, espacial, de coordenação ou habilidade motora, interpessoal ou social, e intrapessoal.

Ao mesmo tempo, nos últimos anos um número cada vez maior de especialistas chegou a conclusões similares, concordando com que o velho conceito de QI abarca somente uma estreita faixa de habilidades linguísticas e matemáticas, de modo que ter um QI elevado pode indicar, talvez, quem alcançará sucesso acadêmico (nas condições em são, hoje, as avaliações em nosso sistema educacional), mas não muito mais que isso.

Parece evidente, por exemplo, que muitas pessoas com QI alto — mas cujas habilidades emocionais são escassas — administram a própria vida bem pior do que outras com QI mais baixo, mas que souberam desenvolver outras aptidões. Vê-se claramente que um QI elevado não constitui, por si só, garantia de sucesso profissional, e menos ainda de uma vida correta e feliz.

Contudo, a cultura atual insiste de maneira obstinada no desenvolvimento das competências acadêmicas.

Sim. E, embora aquele modelo já esteja em crise há alguns anos, vê-se uma grande tendência social que valoriza excessivamente o QI em detrimento de outras capacidades que logo se revelam mais importantes. Neste livro, concentrar-nos-emos no conjunto das capacidades que trazem consigo uma importância determinante: aquelas relativas à educação dos sentimentos, que compreendem habilidades como autoconhecimento, autocontrole e equilíbrio emocional; a capacidade de motivar a si mesmo e aos outros; as qualidades de caráter social; o otimismo

INTRODUÇÃO

e a constância; a capacidade de reconhecer e compreender os sentimentos dos demais etc.

As pessoas que desfrutam de uma boa educação dos sentimentos (ou seja, que conseguiram desenvolver as capacidades que Daniel Goleman tão bem denominou *inteligência emocional*), costumam sentir-se mais satisfeitas, são mais eficientes e fazem seu talento natural render muito mais. Porém, aquelas que, ao contrário, não conseguem conduzir bem a vida emocional, acabam travando lutas interiores constantes, as quais minam sua capacidade de pensar, de trabalhar e de se relacionar com os demais. Alguns modelos de educação — que hoje, por sorte, estão em franco declínio — têm, com frequência, evitado o papel determinante desempenhado pelos sentimentos, possivelmente esquecendo que são parte importante da natureza humana e que a felicidade e a vida moral têm estreita relação com a esfera afetiva. Esses modelos talvez vejam com tanto receio tudo o que se refere aos sentimentos porque os identificam com a ideia de sentimentalismo ou com coisa de gente fraca, volúvel, sem força de vontade. Por isso convém, desde já, esclarecer que sentimento e sentimentalismo são coisas bem diferentes, ainda que aparentemente tenham certa semelhança. O mais sensato é rechaçar os erros próprios do sentimentalismo ou da falta de vontade, mas sem deixar de empreender, com profundidade, uma educação do coração verdadeira e substancial.

Ser uma pessoa de grande coração, ou seja, ter uma profunda capacidade afetiva, não é nenhum perigo em si. E, se passar a ser, será na mesma medida em que pode ser perigoso ter uma grande força de vontade e uma inteligência portentosa: depende do fim para o qual se utilizam.

*Descobrir
um modo inteligente
de harmonizar
cabeça e coração,
razão e sentimentos.*

Não se trata, é claro, de substituir a razão pelos sentimentos e vice-versa, mas de reconciliar cabeça e coração tanto na família como na sala de aula e nas relações humanas em geral.

Não podemos ignorar as coisas do coração só porque alguns as consideram sentimentalismo barato; nem a inteligência só porque outros a enxergam como mero racionalismo; nem a vontade só porque a reduzem a um voluntarismo insensato.

Chegar a tempo

"Nunca consegui ter uma conversa séria com meu pai", lamenta um rapaz de dezessete anos. "Amo meus pais porque são meus pais, e não porque eles mereçam", declara com tristeza uma jovem de catorze. "Eu me sinto incapaz de compreender meus filhos", assegura com pesar uma mãe de família. "Passei a vida trabalhando como um louco e, agora, vejo que sacrifiquei minha família e não tenho nenhum amigo de verdade", confessa, desolado, um brilhante executivo cujo casamento se encontra em ruínas.

INTRODUÇÃO

"Estamos casados há doze anos e, há dez, vivemos como dois desconhecidos", afirma com amargura outra mãe desconsolada.

Estas são algumas amostras de fracasso na educação afetiva, e seria possível elencar muitíssimas outras, de vários tipos.

Consideremos, por exemplo, o caso de uma menina de treze anos, proveniente de uma família abastada e bem estabelecida, mas que tem problemas de relacionamento com os colegas de escola. Ela não consegue se concentrar, e seu rendimento escolar começa a cair. O fracasso nos estudos faz a menina se distanciar muito dos pais, profundamente desapontados com suas notas baixas. Com o passar dos anos, cresce nela o sentimento de frustração. Ela passa, então, a recorrer cada vez mais à bebida, e cada fim de semana vai para um lugar diferente, buscando entreter-se e fugir dos próprios problemas. Refugiar-se no álcool e nos ambientes destinados à diversão levam-na a manter uma série de relações sexuais ocasionais com pessoas em crises emocionais semelhantes à dela. Aos vinte anos de idade, sua vida é um completo caos; e, estando em agudo quadro de alcoolismo e depressão, ela recorre ao psiquiatra.

É claro que, a essa altura, a situação se mostra de difícil resolução. E claro está também que, quando a menina tinha treze anos, ninguém anteviu tamanha evolução do seu quadro. A pergunta é: o que poderia ter sido feito durante a sua infância e adolescência para mudar o rumo dos acontecimentos? Algo poderia ter nos ajudado a chegar a tempo?

11

Esse último exemplo não é um pouco extremo? Talvez. Mas nem por isso é totalmente incomum. A Organização Mundial da Saúde divulgou, nos últimos tempos, estatísticas bastante esclarecedoras: o suicídio, por exemplo, é a principal causa da morte de jovens entre 18 e 24 anos nos países ocidentais tomados em conjunto. Segundo outros estudos, um em cada cinco meninos apresenta sérios problemas psicológicos: os transtornos mentais (principalmente ansiedade, depressão e fobias) constituem a causa mais frequente da crescente baixa escolar entre os adolescentes. Muitos jovens começam a consumir álcool em excesso cedo demais; e, ao chegarem aos vinte anos, um em cada seis apresenta sintomas de embriaguez crônica. A taxa de transtornos alimentares (sobretudo anorexia e bulimia) também disparou nos últimos anos.

O número de adolescentes que fogem de casa (só na França, por exemplo, mais de 100 mil a cada ano) também nos faz refletir. Se a isso acrescentamos os estragos causados pelas drogas, o inquietante fenômeno da violência juvenil urbana, o desgarramento de muitos filhos nascidos em famílias desestruturadas ou o nível crescente de fracasso escolar (em muitos casos, tais situações costumam vir juntas), o cenário revela-se desolador. Frente a esses dados, muitos balançam a cabeça, horrorizados, achando que quase nada pode ser feito. Parece que condutas que terminam em violência, que causam dependência ou que denotam resignação têm sido o refúgio mais requisitado dos muitos jovens que se sentem desolados e que a

INTRODUÇÃO

espiral de desmotivação, ou a inconstância, devora suas vidas de maneira irremediável.

São dados realmente preocupantes, sobretudo porque por trás de cada um desses casos costuma haver dramas humanos dolorosíssimos, que mais tarde irão condicionar os adolescentes em sua vida adulta.

Por isso, com vistas a sanar esse problema, nas últimas décadas foram conclamadas verdadeiras cruzadas contra questões que ameaçam nossa sociedade: o fracasso escolar, o alcoolismo, a gravidez na adolescência, a violência juvenil, as drogas, a instabilidade familiar etc. Todavia, mais e mais se comprova que temos chegado tarde demais, quando a situação já alcançou proporções endêmicas e se arraigou, resoluta, na vida dessas pessoas.

Informação não é suficiente

A maioria das campanhas se concentra em informar acerca dos muitos males que esses problemas trazem. Contudo, a experiência demonstra que a informação, ainda que tenha indubitável utilidade, não pode muito sozinha. Entre outras coisas porque, na maioria das vezes, o problema não é propriamente a droga, nem o álcool, nem o fracasso escolar, e sim as crises afetivas que atravessam a vida dessas pessoas e que as levam a buscar refúgios fáceis, aconchegando--se nesses erros.

E não se trata somente de gente jovem: existem muitos adultos, até mesmo profissionais destacados — que podem até parecer muito brilhantes vistos desde certa distância —, que escondem dentro de si um acentuado analfabetismo sentimental, o qual afeta imensamente suas vidas.

Nem sempre basta ao ser humano compreender o básico da razoabilidade para, só com ele, começar a agir. Nosso comportamento é cheio de sombras e nuances que escapam ao rigor da lógica e que funcionam a seu bel-prazer, movendo impulsos subconscientes da pessoa. Inteligência, vontade e sentimentos funcionam como uma espécie de divisão de poderes a agir sobre um único indivíduo, pois o sucesso da sua jornada pela vida depende de que essas três áreas trabalhem em boa sintonia.

A real eficácia está em concentrar-se na prevenção, pois de resto sabemos que muitos desses problemas são graves e bem difíceis de serem remediados.

Gostar de fazer o bem

Por essa razão, as pessoas mais proativas e precavidas se perguntam, com frequência, como deveriam educar seus filhos — ou como deveriam educar a si mesmas — para não cometer esses erros, já que, em educação, os erros custam caro. Embora nem sempre possam ser evitados, é essencial procurar se antecipar a eles, enfrentando-os antes de virem à tona. Trata-se de assegurar, na medida do possível, que não esperaremos tropeçar e cair para que a dor nos faça abrir os olhos à realidade.

INTRODUÇÃO

As causas que culminam nesses erros costumam ser complexas e se entrelaçam com muitos fatores, como a herança genética, a dinâmica familiar, o modelo educativo e escolar e a cultura urbana do entorno. Não há um único tipo de solução que seja capaz de resolver esses problemas.

Como destacou Alasdair MacIntyre, uma boa educação é, entre outras coisas, aprender a gostar de fazer o bem e a não gostar de fazer o mal.

Educar os sentimentos

Aprender a educar os sentimentos é ainda hoje um grande desafio. Muitas vezes, esquecemos que os sentimentos representam um poderoso componente da vida humana e que — para o bem ou para o mal — são eles que com mais força impulsionam ou retraem nossas ações.

E por que você acha que descuidamos tanto dessa educação?

Às vezes, por causa de uma confusa impressão que temos, segundo a qual os sentimentos seriam algo obscuro e misterioso, pouco racional e praticamente fora do nosso controle; outras, porque confundimos sentimentos com sentimentalismo ou pieguice; e, sempre, porque a educação afetiva é uma tarefa difícil, que requer muito discernimento e muita constância (o que, porém, não deveria nos surpreender, pois aquilo que é valioso não costuma ser de fácil alcance).

Em todo caso, esquivar-se a essa tarefa significa renunciar a muita coisa, porque os sentimentos proporcionam à vida grande parte da sua riqueza.

Todos contamos com a possibilidade de conduzir nossos sentimentos de modo satisfatório. Entretanto, frequentemente agimos como se eles não pudessem ser educados, ao que consideramos as pessoas — ou a nós mesmos — tímidas ou extrovertidas, generosas ou invejosas, tristes ou alegres, carinhosas ou frias, otimistas ou pessimistas, sempre em função de uma natureza inexorável, quase impossível de ser modificada.

É verdade que as disposições sentimentais têm um componente inato, cuja amplitude é difícil de determinar. Mas há também a poderosa influência da família, da escola e da cultura em que se vive.

Os sentimentos afetam as virtudes?
Cada tipo de sentimento favorece certas ações e prejudica outras. Portanto, cada estilo sentimental favorece ou prejudica uma vida psicologicamente sã e favorece ou prejudica a prática das virtudes ou dos valores que desejamos alcançar. Não podemos esquecer que a inveja, o egoísmo, a agressividade e a preguiça certamente são carências de virtude, mas também de uma educação adequada dos sentimentos. A prática das virtudes favorece a educação do coração, e vice-versa.

Está claro que, como ocorre com todo esforço humano, a tarefa de educar tem seus limites e nunca logra cumprir senão parte de seus propósitos, o que, no entanto, não anula sua utilidade: educar os sentimentos é tarefa importante, certamente mais importante do que ensinar matemática ou inglês — mas quem se ocupa dela? Se a família e a escola se eximem e nem a própria pessoa sabe

INTRODUÇÃO

como avançar nesse caminho, a formação do próprio estilo emocional, acaba ficando, em grande parte, nas mãos das circunstâncias, das tendências, das adversidades.

Em nossa época, a família está sujeita a uma série de novos problemas, sobre os quais talvez tenhamos tido pouco tempo para refletir com calma.

A pergunta é: a que modelo sentimental devemos aspirar? Como encontrá-lo, compreendê-lo, e, em seguida, educar-se nele e ensiná-lo? Esse é um assunto importante, urgente, envolvente e complexo, e o abordaremos ao longo destas páginas.

Esclarecidos o propósito e os destinatários deste livro, observo que procurei recorrer a vários exemplos e anedotas retirados da vida cotidiana. Além disso, embora tenha procurado apontar em cada caso as citações dos autores correspondentes, quero deixar registrada desde já a dívida que tenho para com algumas pessoas, a cujas ideias se devem grande parte dos meus acertos: indico seus dados na bibliografia recomendada em cada uma das três partes do livro.

PRIMEIRA PARTE
AUTOCONHECIMENTO E AUTODOMÍNIO

*Não se pode possuir maior governo,
nem menor,
do que o governo de si mesmo.*

Leonardo da Vinci

*Se queres conhecer-te a ti mesmo,
observa a conduta dos outros;
se queres conhecer os outros,
olha para o teu próprio coração.*

Friedrich Schiller

CAPÍTULO 1
CONHECER-SE a SI MESMO

Conhece-te a ti mesmo

Há mais de 25 séculos, Tales de Mileto já afirmava que a coisa mais difícil do mundo é conhecer-se a si mesmo. E, no templo de Delfos, podia-se ler aquela famosa inscrição socrática: *gnothi seauton*, conhece-te a ti mesmo, a qual evoca uma ideia semelhante.

Conhecer-se bem é um primeiro e importante passo para ser arquiteto da própria vida, e talvez por essa razão seja algo que se tenha colocado, ao longo dos séculos, como um grande desafio para o homem.

A auto-observação permite que nos afastemos um pouco da nossa subjetividade para nos vermos com certo distanciamento, como faz o pintor de vez em quando para examinar como o seu trabalho está ficando.

Observar a si mesmo é como elevar a cabeça um pouco acima do que está acontecendo e, assim, ter uma consciência mais apurada de como somos e do que se passa conosco. Por exemplo: estar dominado pela ira, sem mais nem menos, é diferente de estar irado e saber disso, ou seja, tendo uma consciência autorreflexiva que nos diz: "Preste atenção no que você vai fazer, porque está muito irado".

Compreender bem o que se passa conosco gera um efeito poderoso sobre os sentimentos perturbadores que podem nos invadir e nos dá oportunidade tanto de superá-los quanto de não ficarmos à sua mercê.

Mas há muitas pessoas que, mesmo conscientes de estarem passando por um estado emocional negativo, não conseguem sair dele.

De fato, há quem passe por isso. Essas pessoas costumam sentir-se oprimidas por seus próprios sentimentos, dando-se conta de que se tornaram pessimistas, mal-humoradas, suscetíveis ou abatidas, mas considerando-se incapazes de sair desse estado; elas têm uma vaga consciência da sua situação, e é precisamente essa falta de perspectiva em relação a esses sentimentos que as deixa sobrecarregadas e perdidas. Pensam que não são capazes de governar sua vida emocional, e por isso quase nada fazem para sair da fossa em que se encontram.

Há outras pessoas que são pouco mais conscientes daquilo que lhes acontece, mas seu problema é tender a aceitar passivamente tais sentimentos. Estão propensas a estados de espírito negativos e limitam-se a aceitá-los com resignação, rendendo-se a eles, deixando-se levar sem fazer nenhum esforço para alterá-los, por mais incômodo que seja viver assim.

Então você acha que, na realidade, essas pessoas não têm tanta ciência do que se passa com elas?

Exato. Pessoas que percebem seus sentimentos com real clareza geralmente conseguem se desenvolver na vida pessoal. São pessoas mais autônomas, mais seguras, mais positivas; pessoas que, quando entram num estado de espírito negativo, não se concentram nele de forma obsessiva, nem o aceitam passivamente, mas não demoram a sair dele. A clareza advinda do conhecimento que têm de si próprias muito as ajuda a abordar seus problemas com pertinência e a governar a vida afetiva com eficácia.

Observar o comportamento próprio e o alheio

O conhecimento próprio constitui um ponto-chave para a formação e educação do caráter e dos sentimentos de qualquer pessoa. Além disso, saber o que realmente se passa conosco, bem como o porquê, está diretamente relacionado com a nossa capacidade de compreender bem os outros. Nesse sentido, é bem útil desenvolver a capacidade de observar o comportamento próprio e o alheio: a literatura e o cinema, por exemplo, podem nos ajudar bastante nesse exercício, ensinando-nos a conhecer a nós mesmos e aos demais, contanto que os autores sejam bons conhecedores do espírito humano e saibam retratar bem o que ocorre no interior das pessoas.

Será que estimular tanto interesse pelo autoconhecimento não leva ao individualismo, à introversão?

Naturalmente, não estamos falando de desenvolver uma ânsia nociva de introspecção psicológica, mas de procurar se conhecer para que cada um não seja um total desconhecido para si mesmo.

Conhecer-se bem
não significa fechar-se
na própria subjetividade,
mas ver-se a si mesmo
com toda a objetividade possível.

Isso ajuda, entre outras coisas, a combater a instabilidade de humor que se estabelece quando uma pessoa se deixa levar pela imaginação: algumas vezes, em devaneios e fantasias; outras, tendendo a supervalorizar as próprias capacidades; e outras, ainda, subestimando-as quando as circunstâncias são adversas, ficando à mercê do pessimismo ou da indecisão.

Certas pessoas têm a sensibilidade emocional muito aflorada, ao passo que outras são mais moderadas. Há gente que, diante de uma situação de perigo, reage com assombrosa serenidade; outros, por sua vez, podem sentir-se bastante afetados, e assim permanecer durante vários dias, simplesmente por perderem uma caneta ou porque o seu time de futebol não ganhou uma partida do campeonato.

Você fala como se vivenciar sentimentos intensos fosse algo negativo.

Não precisa ser assim. É que o excesso de sensibilidade emocional pode nos levar a verdadeiras efusões afetivas (positivas ou negativas, de exaltação ou abatimento), e isso acarreta muitas ameaças. Contudo, não se deve ter como ideal a frieza e o desapego.

Para facilitar o autoconhecimento, convém analisar os múltiplos elementos que interagem em nossa vida, pois é evidente que, ao longo dos anos, alguns desses aspectos podem entrar em conflito de maneira mais ou menos relevante. Refiro-me a situações dolorosas que podem ter origem em questões profissionais (dificuldades para obter ou manter determinado nível na profissão, problemas no relacionamento com os chefes e colegas, fracassos advindos quer das próprias falhas, quer da superioridade dos concorrentes, situações de desemprego ou insatisfação no trabalho etc.); em problemas de saúde, que limitam de modo temporário ou permanente alguma capacidade do indivíduo e que podem vir acompanhados de grave sofrimento físico ou psíquico; em problemas afetivos que permeiam a convivência cotidiana (divergência de opiniões entre cônjuges ou entre pais e filhos etc.); ou mesmo em toda a série de problemas específicos que pode se apresentar, por exemplo, na vida escolar, no início da vida profissional, nos âmbitos da saúde, quando da chegada da velhice etc.

Sabe-se que um problema real de saúde, por mais que seja muito bem localizado em determinada parte do corpo, não raro acaba produzindo uma sensação generalizada de mal-estar. Do mesmo modo, um problema grave que se manifeste em qualquer outra área da vida — profissional, familiar etc. — pode gerar efeitos que transcendem uma e outra esfera, provocando, assim, novos problemas em cadeia: transtornos de personalidade, retraimento ou agressividade no relacionamento com os demais e até mesmo — quando os problemas são significativos — tendência a determinadas enfermidades.

Isso faz com que, na falta da maturidade e do autoconhecimento necessários, alguns problemas de uma área da vida resvalem nos de outras que, na verdade, não têm qualquer relação ou responsabilidade (ou, ao menos, têm bem pouca). Assim, as pessoas acabam culpando o cônjuge, os filhos ou os pais pelas frustrações que sentem, quando na realidade tal sentimento se deve sobretudo a causas de tipo profissional ou a uma mera imaturidade afetiva; elas talvez achem que sua situação profissional é o motivo pelo qual se sentem insatisfeitas, quando, no fundo, o problema está em não aceitar a perda natural de rendimento ou de saúde, essas intercorrências esperáveis da própria vida, dos seus ciclos e do ritmo que ela nos impõe e que se refletem em mudanças de ânimo; do mesmo modo, elas podem pôr a culpa em determinados defeitos daqueles com quem convivem, quando, a bem da verdade, isso não passa de um empobrecimento da própria personalidade etc.

As pessoas — pelo menos a maioria de nós — tendemos a projetar para fora a solução dos problemas com que nos deparamos. Costumamos culpar os outros por praticamente todo mal que nos ocorre. Parte importante do conhecimento de si mesmo consiste em atentar-se a esse sutil engano. É certo que as circunstâncias alheias são bem-vindas para nos auxiliar na resolução e superação dos nossos problemas; contudo, não podemos nos eximir — total ou parcialmente — da vastíssima parcela de responsabilidade que temos sobre as coisas que acontecem em nossa vida.

Tampouco podemos esquecer que a preguiça, com toda a amplitude que pode ganhar, cuida de nos conduzir ao exercício da lei do mínimo esforço; por isso, quando ficamos relutantes em encarar uma tarefa que sabemos trabalhosa, temos de identificar claramente a origem desse sentimento, reconhecendo-o como de fato é: um cansaço razoável, que exige descanso, ou pura preguiça, que temos de vencer? O que não podemos fazer é interpretar, equivocadamente, essa relutância, essa má vontade, como falta de competência, nem as dificuldades mais ordinárias como um acúmulo de infortúnios ou de confabulações malévolas contra nós mesmos. Isso seria uma forma lamentável de autoengano.

Algumas vezes, porém, temos problemas difíceis de solucionar. É preciso, então, buscar, na medida do possível, maneiras sensatas de resolvê-los. De fato, haverá ocasiões nas quais o máximo que poderemos fazer é atenuar suas consequências negativas e aprender a suportá-las: é o caso de doenças crônicas, por exemplo, ou de fortes reveses econômicos ou profissionais, cuja solução está fora do nosso alcance; ou ainda de sérios problemas com pessoas cuja relação precisamos manter etc.

E como distinguir o que devemos suportar daquilo que devemos tentar mudar?

Um conhecimento profundo e assertivo de si mesmo, complementado pela observação atenta do próprio comportamento exterior e das próprias reações interiores, enriquecido pelo conselho daqueles que nos conhecem e gostam de nós, nos permitirá identificar a verdadeira origem das perturbações que inevitavelmente iremos experimentar ao longo de toda a vida.

Nessa toada, avançaremos sem demora em direção à maturidade emocional, tão distante das formulações altivas de alguns — "Continuo pensando exatamente aquilo que sempre pensei", como se não mudar nunca, em nenhum ponto, o modo de pensar fosse a prova maior de lucidez — e igualmente distante da volubilidade daqueles que mudam constantemente de ideais e esquecem suas convicções como se estas fossem uma rápida gripe, ou como se o decurso dos anos não lhes tivesse proporcionado nenhum ensinamento estável.

Discernir os próprios sentimentos

Conhecer-se a si mesmo é um processo aberto, que não termina nunca, pois a vida é como uma sinfonia sempre incompleta que vai se formando continuamente e cujas dificuldades são sempre superáveis, exigindo, portanto, atenção constante.

> *O autoconhecimento*
> *é a porta*
> *da verdade.*

Quando ele nos falta, não conseguimos ser sinceros com nós mesmos, por mais que o desejemos. Desejar ver o que se passa conosco — desejá-lo *de verdade*, com total sinceridade — é o ponto decisivo. Se falhamos nisso, podemos viver como que envoltos por uma névoa, com a qual talvez a nossa própria imaginação mascare realidades que nos incomodam.

Encontrar desculpas para não olhar para dentro de si é a coisa mais fácil do mundo. Sempre existem causas exteriores às quais culpar, e por isso faz falta certa coragem para aceitar que a culpa ou a responsabilidade — boa parte dela, ao menos — seja nossa. Essa coragem é imprescindível para avançar com

CONHECER-SE a SI MESMO

sucesso no caminho da verdade, mesmo que às vezes se trate de um trajeto com muitas ladeiras.

*Não perceber com exatidão
os próprios sentimentos
é ficar facilmente
à mercê deles.*

Existem sentimentos que fluem de forma quase inconsciente, mas nem por isso deixam de ser importantes. Uma pessoa que tivesse, por exemplo, um encontro desagradável pode, instantaneamente, permanecer irritada durante horas, sentindo-se aborrecida por um motivo mínimo e respondendo com má vontade à menor insinuação. Essa pessoa pode estar bem pouco consciente de sua suscetibilidade e, inclusive, surpreender-se — e aborrecer-se de novo — se alguém percebe isso nela, embora seja bastante óbvio para os outros que todo esse aborrecimento se deve àqueles sentimentos que fervilham por dentro como resultado daquele encontro desagradável.

*Boa parte de
nossa vida emocional
demora a vir à tona.*

Existem sentimentos que nem sempre chegam a cruzar o limiar da consciência. Por isso, reconhecê-los nos permite alargar a fronteira e ampliar o campo dos sentimentos plenamente conhecidos, o que sempre constitui uma poderosa ferramenta para melhorar.

Uma vez que nos damos conta de quais são os verdadeiros sentimentos que lutam para subir à superfície da nossa consciência, podemos avaliá-los com mais critério, optar por deixar de lado alguns e alimentar outros e, assim, agir sobre a perspectiva das coisas e sobre nosso estado de espírito. É nisto que, entre outras coisas, se manifesta a nossa qualidade de seres inteligentes.

Quem se conhece bem
pode se apoiar em seus pontos fortes
para agir sobre os pontos fracos
e, assim, corrigi-los e aperfeiçoá-los.

É como uma intensa luz que ilumina a vida e permite ao homem desenvolver-se para tomar as decisões corretas quando precisar fazê-lo — tanto as decisões mais simples da vida diária como as verdadeiramente importantes.

Quando você falou sobre "não querer ver", fê-lo em que sentido?

Há muitas formas de fugir da realidade, e quase sempre a fuga se produz de modo semi-inconsciente naquele que a empreende.

Algumas pessoas, por exemplo, argumentam consigo mesmas pensando: "Vou desfrutar disso agora, e depois vejo o que fazer" (de onde pode-se depreender alguma mostra de egoísmo, preguiça ou fuga da realidade). Nisso, não parecem perceber até que ponto tal erro vai ganhando terreno em suas vidas e turvando o efêmero alívio que esse desfrute oferece.

CONHECER-SE a SI MESMO

Outros, por sua vez, deixam-se enganar com argumentos como os do menino mimado que prefere ficar trancado em casa, sozinho e entediado, curtindo seu próprio ressentimento e as razões da sua irritação, mesmo sabendo que o melhor seria vencer o orgulho e sair. Optam por permanecer tristes em sua desgraça, renitentes em não enfrentar a própria obstinação.

Há, ainda, os que se assemelham a quem persegue ansiosamente o prazer embora veja que, dia após dia, ele se torna cada vez menor. Mesmo cientes de que nesse caminho não obterão um alto nível de satisfação, preferem correr atrás dessa pobre lisonja insaciável, pois os assusta ver-se privados dela.

"Nosso coração", escreveu Susanna Tamaro, "é como a terra: uma parte é coberta de luz; a outra, de sombras. Difícil, e muito doloroso, é descer a ponto de conhecê-lo bem, pois aceitar que uma parte de nós está imersa em sombras é sempre árduo. Além disso, a essa dolorosa constatação opõem-se, dentro de nós, muitas defesas: o orgulho, a presunção de sermos senhores incontestáveis de nossas vidas, a convicção de que basta a razão para emendá-lo por inteiro. O orgulho é talvez o maior obstáculo, e por isso é preciso coragem e humildade para examinar a si mesmo com profundidade".

Saber expressar o que sentimos

"As lágrimas se amontoavam em meus olhos", pensava Ida, a protagonista de um dos romances de

Mercedes Salisachs, "e era difícil evitá-las. Então me censurei por minha falta de perspectiva, por esse maldito silêncio que dominava nossas refeições após o jantar, essa obsessão por sempre manter nossos pensamentos e preocupações retidos em nós mesmos. Se pelo menos minha filha tivesse revelado algo do que estava acontecendo com ela... Se me tivesse pedido ajuda... Mas, não. Calar, era isso que fazíamos. Cobrir os furúnculos mais purulentos com uma pele vistosa. É horrível: agora entendo que não conhecia minha filha".

Algumas pessoas foram educadas com o hábito de esconder seus sentimentos. Sentem excessivo pudor na hora de expressar o que realmente pensam ou os preocupa e relutam em demonstrar emoção ou afeto. Talvez até queiram conversar, mas são contidas por uma barreira de timidez, rigidez, falsa complacência e orgulho. É verdade que certos sentimentos só se expressam dentro de certo grau de privacidade e exigem reserva, mas silenciá-los sempre, ou encobri-los com aparente indiferença, dificulta o desenvolvimento afetivo, levando, entre outras coisas, a um enfraquecimento significativo da capacidade de reconhecer e expressar os próprios sentimentos.

Muitos desequilíbrios emocionais vêm à tona pois essas pessoas não sabem expressar seus próprios sentimentos, o que as leva a educá-los de maneira deficiente. Quando falam de si mesmas, dificilmente conseguem dizer algo mais específico do que um mero "eu me sinto bem" ou "me sinto mal", ou quiçá um "eu me sinto *muito* mal". Têm dificuldade de falar sobre esses assuntos, e seu vocabulário emocional é muito escasso. Não é que não sintam: é que não conseguem discernir bem o que se passa dentro delas, e tampouco são capazes de traduzi-lo em palavras. Elas ignoram a causa que subjaz a seus problemas e percebem seus sentimentos como um incompreensível emaranhado de tensões que as fazem se sentir bem ou mal — no entanto, não conseguem explicar que tipo de bem ou mal é esse.

Uma tal confusão emocional nos faz entrever a grandeza que há em dominar a linguagem e em compreender que, quando conseguimos expressar em palavras o que sentimos, damos um grande passo para governar os sentimentos.

Refletir sobre os sentimentos

Sempre se disse que, se você não entende bem alguma coisa, o melhor a fazer é tentar explicá-la. Muitas vezes, por exemplo, um professor experimenta dificuldade em fazer seus alunos entenderem os pontos mais complexos de um assunto. No entanto, à medida que a aula avança e se desenvolve, esses conceitos são abordados repetidamente sob diferentes perspectivas; isso torna as ideias mais precisas, e surgem pequenas ou grandes iluminações tanto nos alunos como no próprio professor.

Um modo de avançar na educação dos sentimentos consiste em pensar, ler e falar sobre eles. Ao fazermos isso, refinamos nossas ideias, que vão se tornando cada vez mais precisas e exatas;

do mesmo modo, passamos a conhecer cada vez melhor o que se passa dentro de nós, para depois tentarmos explicá-lo, buscar as suas causas, suas leis, sua frequência; por fim, conseguiremos extrair daí alguma ideia limpa, capaz de aperfeiçoar nossa educação afetiva.

Os temas podem ser muito variados. Já falamos, por exemplo, sobre como as pessoas tendem a culpar os outros por tudo de ruim que lhes acontece e sobre a tendência de projetar neles os próprios defeitos.

Nos dois casos, trata-se de fenômenos que, como costuma acontecer com tudo o que envolve conhecer as pessoas, são mais facilmente percebidos nos outros do que em nós mesmos. Não é difícil, por exemplo, encontrar uma pessoa que, sendo ela mesma bastante egoísta, vive se queixando do egoísmo dos outros e diz que ninguém a ajuda; ou alguém que vive reclamando, mas que sempre reclama de que os outros reclamam; ou então alguém tagarela e exaustivo que acusa o outro de falar demais; ou um homem irascível que fica apontando o mau humor alheio.

Basta ficarmos alertas contra esses dois erros — que, em última análise, são bem semelhantes —, e então poderemos avançar de maneira considerável nessa importante missão que é o autoconhecimento. Trata-se de tentar ver as coisas boas nos outros — elas sempre existem — e aprender com elas; e, quando virmos os seus defeitos (ou algo que nos pareça ser um defeito), pensar se também não temos defeitos iguais.

CONHECER-SE a SI MESMO

Melhoramos à medida que buscamos saber quais são nossos defeitos dominantes.

Para sermos um pouco mais específicos, podemos reunir alguns defeitos oriundos da má educação dos sentimentos:
- timidez, medo de relações sociais, tibieza;
- irascibilidade, suscetibilidade, tendência exagerada a se sentir ofendido;
- tendência a remoer excessivamente as preocupações, refugiar-se na solidão ou resguardar-se demais;
- perfeccionismo, rigidez, insatisfação;
- incapacidade de dar e receber afeto;
- nervosismo, impulsividade, desconfiança;
- pessimismo, tristeza, mau humor;
- recurso à dissimulação, mentira ou engano;
- prazer em irritar, provocar ou "ser do contra", teimosia;
- autopiedade excessiva com os próprios erros; dificuldade para se controlar com comida, bebida, tabaco etc.;
- tendência a refugiar-se em devaneios ou fantasias; dificuldade em fixar a atenção em algo, em concentrar-se;
- tendência excessiva a exigir a atenção dos outros e dependência emocional;
- falar demais, gabar-se, ser exagerado, exibir-se, ouvir pouco;

- resistência em aceitar as exigências comuns de uma autoridade;
- tendência a buscar caprichos, alimentar manias ou patrocinar extravagâncias;
- resistência em aceitar a própria culpa ou cultivar sentimentos obsessivos de culpa;
- falta de resistência à decepção que sobrevém com os acontecimentos comuns da vida; não saber perder ou não saber ganhar;
- dificuldade em compreender os outros e fazer-se entender por eles;
- dificuldade em trabalhar em equipe e se integrar aos demais etc.

CAPÍTULO 2
CONTROLAR OS PRÓPRIOS SENTIMENTOS

*Quando está tomado pela raiva,
o homem perde a razão.*

Provérbio

A espiral de preocupação

"Estava devastada. Por alguma razão, a simples história que deu origem a esse comentário bobo ultrapassava as minhas forças. Revivi mentalmente o incidente mil vezes, como uma peça em três atos. Analisei-o, dissequei-o, desmembrei-o e, depois, o juntei novamente. Revivi minhas emoções, a raiva e a dor tremenda que havia nutrido em relação àquele comentário".

"Eu me senti muito magoada, mas pude ver que a minha memória e imaginação multiplicavam aquela dor, levando-me a vivê-la várias vezes, a ponto de me fazer desejar ter dito ou feito isso ou aquilo. É horrível. Você pode ficar obcecada com um acontecimento e perder a verdadeira medida das coisas".

A preocupação que essa mulher narrou tão vivamente, se não for mantida dentro de limites razoáveis, pode evoluir e chegar a extremos claramente nocivos.

> *A espiral
> de preocupação
> é o núcleo fundamental
> da ansiedade.*

Não é que a preocupação seja negativa por si só. Como bem apontaram Lizabeth Roemer e Thomas Borkovec, ela é essencial para a sobrevivência e dignidade do homem, pois, sendo elemento imprescindível para uma reflexão construtiva, serve para nos alertar quanto a potenciais ameaças e para facilitar a busca por soluções.

No entanto, quando a preocupação é repetitiva e incapaz de oferecer soluções positivas, acaba produzindo uma constante agitação de fundo emocional, que é o princípio da avassaladora ansiedade que estará por vir. Essa espiral geralmente começa com uma situação interna, que depois salta de um assunto para outro numa velocidade que pode ser vertiginosa. Quando a preocupação se torna frequente e crônica, essas pessoas não conseguem parar de se preocupar e não conseguem relaxar. E, em vez de procurar uma saída possível, limitam-se a dar voltas e mais voltas em torno de suas ideias repetitivas, deixando que se abra um sulco através do qual dão vazão a esse fluxo de pensamentos que tanto lhes causam preocupação.

Se esse círculo vicioso se intensificar e persistir, começa a obscurecer o fio argumentativo da mente e pode levar, nos casos mais graves, a distúrbios nervosos de vários tipos: fobias (quando a ansiedade se fixa numa intensa aversão a situações ou pessoas), obsessões (por saúde, ordem, limpeza, autoimagem, peso, forma física etc.), sensações de pânico (diante do risco físico, ou de precisar aparecer em público), insônia (como consequência de pensamentos invasivos ou preocupações abordadas da maneira errada)...

E por que a preocupação pode acabar se transformando nessa espécie de vício mental?

É difícil dizer. Talvez porque, enquanto a pessoa está imersa nesses pensamentos tão recorrentes, ela escape dessa sensação subjetiva de ansiedade. Ela cede à tentação de se perder num fluxo infindável de preocupações, no qual se refugia e que a envolve como numa espécie de névoa entorpecente.

E o que é preciso fazer para sair da espiral de preocupação? Pois não é fácil seguir conselhos como: "Não se preocupe; levante, vá se distrair um pouco!", e outros semelhantes.

O melhor é se conhecer bem para ser capaz de detectar o fenômeno e cortar a tendência pela raiz. É preciso adotar uma postura crítica em relação ao que constitui a origem da preocupação e questionar-se basicamente sobre três coisas:

• Qual é a probabilidade real de que isso aconteça?
• O que é razoável fazer para evitá-lo?
• De que adianta insistir e dar voltas e mais voltas nessa espiral?

É, portanto, com essa combinação de atenção e uma dose saudável de ceticismo que conseguimos atenuar a ansiedade e, aos poucos, sair do círculo vicioso em que ela tende a nos aprisionar.

Controlar a tristeza

É verdade que pode haver momentos em que a tristeza será a reação mais natural e apropriada: diante da morte de um ente querido, por exemplo, ou de alguma outra perda importante e irreparável. Nesses casos, a tristeza oferece uma espécie de refúgio reflexivo: o luto necessário para aceitar aquela perda e refletir sobre seu sentido.

No entanto, a tristeza frequente — aquela melancolia que conduz as pessoas ao desânimo e as faz isolar-se dos outros e a desabar ante o peso da solidão ou do desamparo — é um sentimento cruel e dilacerante que temos de aprender a superar.

Uma das principais razões para a duração e a intensidade de um estado de tristeza é o grau de obsessão, da parte da pessoa, pela causa que a produziu. Preocupar-se mais do que o necessário com essa causa só faz a tristeza piorar e durar ainda mais. Isolar-se, dar voltas e mais voltas em torno do mal que se sente para cortejá-lo, ou mesmo em torno de novos males que podem surgir, são excelentes maneiras de prolongar esse estado.

E o que pode ser feito para superá-lo?

De modo semelhante ao que dissemos quando tratamos da espiral da preocupação, a melhor terapia contra a tristeza é refletir sobre suas causas, a fim de buscar, na medida do possível, um remédio capaz de combatê-la.

Aprender a lidar com os pensamentos que se escondem no núcleo mesmo

CONTROLAR OS PRÓPRIOS SENTIMENTOS

*daquilo que nos entristece,
questionar sua validade
e considerar alternativas mais positivas.*

Às vezes, a tristeza advém de causas surpreendentemente pequenas. Talvez comece com um humor levemente ranzinza, de reclamação, suscetibilidade ou inveja, mais ou menos brando, e que naquele momento parece controlável e inofensivo. Mas, se nos deixarmos dominar por esses sentimentos, será inevitável que nos assaltem mais tarde, em momentos mais turbulentos, e é também provável que, por um descuido, se apoderem do nosso estado de espírito.

E o pior de tudo nesse fenômeno não é a dificuldade que ele nos faz passar — a nós e aos outros — em todas as ocasiões; o pior está em que, se não agirmos com determinação para superá-lo, pode chegar um momento em que esses sentimentos se instalem permanentemente em nós e, como ondas contínuas, invadam recantos cada vez mais profundos da nossa vida emocional.

Outra maneira de alterar o estado de espírito consiste em agir de acordo com as associações de ideias que se produzem na mente. Como Richard Wenzlaff apontou, todos temos um grande repertório de ideias e raciocínios negativos que facilmente povoam a mente quando estamos deprimidos. Pessoas mais propensas à tristeza tendem a estabelecer fortes laços associativos entre essas ideias e tudo aquilo que lhes acontece na vida cotidiana: elas tendem a se distrair associando-as, pulando de uma ideia para outra, e com isso nada fazem senão tornar mais fundo esse sulco. Como consequência, acabam dominados pela forte tendência a transformar em lamento qualquer reflexão que façam. Cortar essas cadeias de pensamentos obscuros é a forma mais eficaz de sair do círculo vicioso da tristeza.

> *A vida é bem mais
> do que uma caixa
> de reclamações.*

E, embora pareça a alguns uma prova de perspicácia e maturidade ostentar uma atitude constante de denúncia dos males sofridos por si mesmo ou pela sociedade em geral, é muito mais prático canalizar essas energias — ou pelo menos boa parte delas — para encontrar bons exemplos naqueles que nos rodeiam, a fim de tentarmos segui-los. Não quero dizer que se deva ignorar ou esconder o erro, mas que é mais importante focar em tarefas construtivas.

A distração também é uma boa maneira de afastar essas ideias recorrentes, sobretudo quando esses pensamentos mais ou menos deprimentes têm uma natureza bastante automática e irrompem na mente de forma inesperada, sem uma causa direta clara. De qualquer forma, é preciso fazer isso com moderação, pois o uso excessivo da distração costuma ser prejudicial: por exemplo, telespectadores inveterados costumam terminar suas sessões de maratona com um sentimento de tristeza e frustração maior do que quando começaram.

CONTROLAR OS PRÓPRIOS SENTIMENTOS

Existem muitas outras maneiras de lidar com a tristeza. Por exemplo, fazer um esforço para ver as coisas de uma perspectiva diferente e mais positiva; evitar pensamentos de autopiedade ou vitimização; vislumbrar o lado positivo que — sendo ele considerável ou diminuto – pode estar por trás daquilo que nos parece tão negativo; pensar que muitas outras pessoas sabem lidar bem com situações que, objetivamente, são muito piores; buscar alívio em alguém que, por não estar preso nessa espiral de tristeza, possa oferecer alternativas ou remédios com mais facilidade etc.

Haverá ocasiões em que a causa principal é simplesmente o cansaço. Uma pessoa que costuma dormir pouco, por exemplo, pode revelar uma personalidade pessimista ou irritável e se convencer de que suas reações são respostas lógicas às coisas que lhe acontecem, sem perceber o que está acontecendo de fato: ela está sofrendo de um mero cansaço, resultado natural de ter dormido pouco. Esse é um exemplo da influência de uma circunstância corporal sobre nosso estado de espírito, a qual por vezes é vivida de forma não consciente.

Às vezes, a solução será descansar. Noutras ocasiões, mergulhar fundo em alguma ocupação, mesmo que não se trate de uma atividade de repouso propriamente dito: por exemplo, concluir pequenas tarefas pendentes (trabalhos domésticos, talvez) que façam prestar atenção em outra coisa e desfrutar da satisfação gratificante de ter cumprido um dever.

Por fim, cabe insistir em que pensar nas pessoas é uma excelente terapia contra a tristeza, já que a tristeza costuma ser alimentada por preocupações autorreferentes, ao passo que o ato de ajudar os demais — recomendado a qualquer pessoa, triste ou feliz — produz o benéfico efeito, entre muitos outros de nos livrar um pouco do nosso egoísmo.

O mecanismo da raiva

Vamos supor — o exemplo é de Daniel Goleman — que, no meio do caos que é o intenso trânsito urbano, um motorista se aproxime de nós repentinamente, e sua manobra nos obrigue a agarrar o volante e pisar o freio com força para evitar um acidente. Qual seria a nossa reação?

É possível que nosso primeiro pensamento seja: "Esse maluco quase me atropelou. Ele nem sabe para onde está indo!" Na sequência, talvez tenhamos outros pensamentos ainda mais duros e hostis, que podem se transformar em frases, gestos ou até gritos; e, por causa desse pequeno incidente, sofremos uma forte descarga de adrenalina, que nos deixa numa tensão e num mau humor que podem durar apenas alguns segundos, alguns minutos... a menos que nosso temperamento se inflame e façamos algo com consequências mais severas e duradouras.

Agora compare essa reação com outra, mais serena, ou que tenha um pouco de senso de humor: "Olha, parece que ele não me viu. Deve estar com pressa, parece que vai apagar um incêndio!" Esse tipo de reação abranda a fúria do nosso primeiro pensamento com compreensão e bom humor, interrompendo, assim, o aumento da raiva.

Mas a raiva nem sempre é algo necessariamente ruim.
Sem dúvida. Trata-se de alcançar o equilíbrio que Aristóteles propôs quando ensinou que qualquer um pode ficar com raiva — o que é muito fácil —, enquanto ficar com raiva da pessoa certa, na medida certa, na hora certa, pelo propósito certo e da maneira certa já não é tão fácil assim.

Às vezes, será conveniente externar nossa indignação para que se enfatize certa atitude de reprovação cuja demonstração consideramos adequada; contudo, outras vezes — talvez na maioria delas —, a raiva pode escapar de nosso controle... E esse é o problema. Como escreveu Benjamin Franklin, sempre teremos motivos para ficar com raiva, mas raramente são bons motivos.

Em todo caso, às vezes será melhor pôr para fora a raiva do que guardá-la dentro de si.
Às vezes, sim, mas há dúvidas quanto à plena eficácia dessa terapia. Pois está longe de ser verdade que externar a raiva tenha efeitos libertadores.

Normalmente, externar nossa raiva sem escrúpulos, embora a princípio pareça nos proporcionar algum alívio ou satisfação, faz pouco ou nada para mitigar os seus efeitos. Há exceções, é claro, e às vezes é necessário expressar nossa indignação de forma enfática, atitude que pode até ser bastante educativa (com o intuito, por exemplo, de restaurar a autoridade ou mostrar a gravidade de uma situação). No entanto, dada a natureza altamente inflamável da raiva, isso é muito mais difícil de fazer do que dizer:

manter-se dentro dos limites razoáveis da raiva é algo que poucas pessoas conseguem.

Na maioria das vezes — quase todas —, externar a raiva sem filtros nos leva a dizer e fazer coisas das quais, se formos honestos, iremos nos arrepender em pouco tempo. Em momentos de raiva, pensamos, dizemos e fazemos coisas sem a devida ponderação de que causam feridas não raro incuráveis, ou pelo menos difíceis de curar.

Um golpe de estado contra o governo da nossa vida

Era uma tarde quente de agosto de 1963 quando Richard R. decidiu roubar pela última vez em sua vida. Fazia muito tempo que não cometia um assalto depois de um bom número de furtos que o tinham levado para a prisão. Mas ele estava desesperado, precisava de dinheiro e achou que aquela ocasião seria a última.

Escolheu um luxuoso apartamento no Upper East Side, em Nova York, ocupado por duas universitárias. Richard pensou que, àquela hora, não haveria ninguém no local — mas se enganou; e, logo que entrou, encontrou uma garota. Foi obrigado a ameaçá-la com uma faca e amarrá-la, e teve de fazer o mesmo quando, prestes a sair, esbarrou na outra moradora do apartamento, que acabava de chegar da rua.

Enquanto Richard amarrava a segunda garota, a outra foi ficando cada vez mais tensa ao ver o que estava acontecendo; e, em poucos minutos, sofreu um colapso nervoso, durante o qual garantiu a Richard

CONTROLAR OS PRÓPRIOS SENTIMENTOS

que jamais se esqueceria do rosto dele e que não pararia até que a polícia o encontrasse e o colocasse na cadeia.

Richard, que havia jurado que aquele seria seu último roubo, começou a ficar agitado, até que também perdeu o controle de si mesmo e, num acesso de raiva e medo, esfaqueou as duas garotas repetidas vezes, até levá-las à morte.

Trinta anos depois, aquele homem ainda estava preso pelo que ficou conhecido como "o crime das universitárias". Relembrando aquela tarde infeliz, ele lamentava na prisão, em entrevista publicada em uma revista: "Eu estava louco, minha cabeça explodiu. Não sabia o que estava fazendo".

Naquela fatídica tarde de agosto de 1963, duas pessoas perderam o controle de si mesmas, o que resultou na morte de duas jovens e na ruína de um terceiro que, àquela altura, parecia ter se endireitado.

Este trágico episódio, infelizmente real, é um exemplo extremo de como pôr para fora a raiva, sem nenhum pudor, pode resultar num verdadeiro golpe que empreendemos contra o governo da nossa vida. De maneira menos drástica, embora talvez nem sempre menos intensa, isso é algo que acontece a todos nós com alguma frequência. Pense nas vezes em que você pode ter perdido o controle de si mesmo por ficar com raiva de seu cônjuge, seu filho, seus pais, um colega de trabalho, o motorista de outro veículo, ou quem quer que fosse. Nesses momentos de raiva, não raro dizemos e fazemos coisas que, quando consideradas pouco tempo depois, constatamos serem completamente desproporcionais e prejudiciais.

Por esse motivo, expressar abertamente a raiva costuma ser uma das piores formas de lidar com ela, pois as explosões de ira aumentam a agitação emocional e prolongam sua duração.

*Muito mais eficaz é
tentar se acalmar.*

Ou seja, conter-se.
Melhor: em vez de simplesmente se conter, reprimindo a raiva, eu diria que é preciso procurar uma saída. Não se trata apenas de "abafar" a raiva, tampouco de se deixar levar por ela, mas de tentar se acalmar e encontrar uma solução da maneira mais favorável.

Mas não é tão fácil se acalmar quando se está com raiva.
Não mesmo. Contudo, há muitas maneiras, mais ou menos eficientes, de tentar se acalmar. Exemplo: a própria cadeia de pensamentos hostis, que alimenta a raiva dentro de nós, nos dá uma pista quanto a como podemos abrandá-la.

*Devemos nos esforçar para
minar convicções que
nutram a nossa raiva.*

Caso contrário, quanto mais pensarmos nas razões que legitimam a raiva, mais justificativas encontraremos para continuar com raiva ou para nos enraivecermos ainda mais.

Origem e intensificação da raiva

Segundo alguns estudos de Dolf Zillmann, a raiva geralmente tem origem na sensação de estar sendo ameaçado. Essa ameaça pode ser tanto física como psicológica (sentir-se menosprezado, frustrado etc.) e gera uma descarga corporal de catecolaminas mais ou menos intensa, a depender da magnitude da raiva. Isso cumpre a função de gerar um acesso pontual e rápido de energia necessária para lutar ou fugir.

Ao mesmo tempo, ocorre uma descarga de adrenalina em nosso sistema nervoso, a qual causa uma excitação generalizada; esta pode durar minutos, horas ou mesmo dias, conservando certa hipersensibilidade que, ao difundir-se pelo corpo, faz com que ele fique predisposto a novas excitações. É por isso que as pessoas tendem a ficar mais predispostas a sentir raiva depois de já terem sido provocadas antes, estejam elas levemente exaltadas ou mais esgotadas.

Eis a razão por que, depois de um longo dia de trabalho, uma pessoa se sentirá especialmente predisposta a se irritar em casa pelos motivos mais insignificantes (o barulho e a bagunça dos filhos, ou qualquer pequeno aborrecimento), mesmo que se trate de motivos que, em outras circunstâncias, não teriam o poder de provocar as mesmas reações.

A raiva gera uma excitação que tende a se dissipar lentamente. Se, durante essa fase de desativação gradual, houver uma nova provocação (o que é fácil de acontecer, devido à hipersensibilidade que se instala nesses momentos), haverá uma segunda descarga antes que a anterior se dissipe. É claro que esse processo pode ser repetido, de modo que cada descarga se baseie nas anteriores; então, quaisquer pensamentos perturbadores que ocorram durante esse processo irão causar uma irritação muito mais intensa do que se tivessem ocorrido fora dele.

Portanto, quando imersa na dinâmica da raiva, a pessoa precisa esforçar-se seriamente para abandonar esse caminho; caso contrário, sua temperatura emocional aumentará e logo a conduzirá a uma explosão.

Mas, se for esse o caso, isso significa que as pessoas com raiva tendem a ficar cada vez mais irritadas, e por motivos cada vez menos importantes.

Há, porém, outro elemento a se destacar. A maioria das pessoas irritáveis, agressivas ou melindrosas sente-se muito mal ao ver como perde a paciência com facilidade, e isso as faz querer aprender a se controlar.

O remédio mais eficaz para isso está em nos conhecermos bem, a fim de sabermos a que tipos de pensamentos somos mais sensíveis. Assim estaremos atentos aos primeiros sintomas de raiva e, consequentemente, poderemos encontrar uma solução.

No caso, por exemplo, em que uma pessoa com quem marcamos um encontro se atrase, deveremos tentar encontrar uma explicação positiva para o atraso dela em vez de, a princípio, nos incomodarmos. Outro exemplo: se, inevitavelmente, temos de conversar com uma pessoa que nos incomoda, precisamos tentar desenvolver nossa capacidade de ver as coisas do ponto de vista dela. E, no que diz respeito aos momentos críticos, às vezes o mais inteligente a fazer é planejar formas de exercemos o autodomínio: esforçar-se para ficar calado; não responder a censuras; seguir em frente, sem interrupções, mesmo quando provocado etc.

Esses são hábitos comportamentais que não surgem automaticamente, mas que devem ser aprendidos. E o principal problema vem de que tais habilidades devem ser exercidas justamente nos momentos em que nos encontramos nas piores condições, ou seja, quando percebemos que nosso coração bate acelerado e que estamos indignados: é precisamente aí que devemos nos lembrar de tudo isso, ouvir, tentar ficar calmos e manter o controle — sem nos aborrecermos, sem culparmos os outros e sem nos refugiarmos num silêncio rancoroso. Quando duas pessoas se estranham, irritando-se uma com a outra, quem costuma se mostrar mais inteligente é a que sabe calar ou se retirar o quanto antes (ou, no caso de ambos já estarem irritados, aquela que toma a iniciativa de se reconciliar).

Chegar a tempo

O momento de intensificação da raiva, durante o qual intervimos, é decisivo: quanto mais cedo o fizermos, maiores serão as chances de detê-lo. A raiva, a exemplo do fogo, pode ser extinta já em seus estágios iniciais, antes que as chamas se propaguem, mas para isso precisamos alimentar pensamentos que, com eficácia, logrem contê-la a tempo, impedindo que se exteriorize.

A que tipo de pensamento você se refere?

A alguma explicação que nos ajude a reconsiderar as coisas, ou que de certa forma venha a saciar a nossa perplexidade inicial. Por exemplo: pressupor que a pessoa que nos incomodou pudesse estar cansada, sujeita a tensões que lhe perturbam o espírito, ou ainda que fosse vítima de seu próprio mau humor e, portanto, não soubera medir bem suas palavras. Outra saída consiste em nos lembrarmos de que, muitas vezes, nós também ficamos com raiva em situações semelhantes, mas minutos depois nos arrependemos.

Também pode ser conveniente distanciar-se um pouco da causa da raiva, ou pelo menos tentar desviar a atenção para outras questões e, assim, interromper a intensificação de pensamentos hostis.

Embora pareça apenas um remédio, e talvez um remédio simples demais, trata-se sobretudo de um excelente recurso para neutralizar a raiva, visto que é difícil sentir-se irado enquanto se está envolvido em outras coisas ou desfrutando momentos de diversão.

CONTROLAR OS PRÓPRIOS SENTIMENTOS

Para meditar, para pôr em prática e para não esquecer

Quanto mais virtuoso
torna-se o homem,
tanto mais ele usufrui
de atos de virtude.

Conhecer-se bem
é o primeiro passo
para ser artífice e protagonista
da própria vida.

Não perceber com exatidão
os próprios sentimentos
é ficar, facilmente,
à mercê deles.

Para meditar

A cegueira mental não surge de repente, mas sob o condão de fechar, primeiro, as pequenas janelas e, em seguida, as janelas maiores.
Antonio Orozco

*Alguns creem que a amizade
requer somente a vontade de ser amigo,
como se desejar ser saudável
bastasse para ter saúde.*
Aristóteles

Para assistir

O mistério da Ilha, John Sayles.
Desafio no Bronx, Robert De Niro.
Depois do vendaval, John Ford.

Para ler

El laberinto sentimental, José Antonio Marina.
Inteligência emocional, Daniel Goleman.
Educar el corazón, F. Otero Oliveros.

Para conversar

Comente, durante uma reunião familiar, como o autocontrole torna mais fácil lidar com os pequenos conflitos emocionais que, continuamente, a vida reserva para todas as famílias.

Converse sobre como uma boa educação consiste, entre outras coisas, em aprender a gostar de fazer o bem e a não gostar de fazer o mal: ou seja, em querer aquilo que *merece* ser querido.

Para pôr em prática

Davi tem quinze anos e é o caçula de três irmãos. Hoje ele voltou da escola bastante mal-humorado, coisa que, infelizmente, vem se tornando um hábito. Sua mãe, que o conhece bem, sente que o jovem voltou a brigar na escola. Sabe que seu filho tem um temperamento forte e se preocupa ao ver que, com o passar dos anos, o menino não melhora; na verdade, parece que tem se tornado até pior. Davi gosta de discutir e tende a resolver as divergências fazendo uso da força. Num instante ele "perde a cabeça" e acaba dizendo palavras grosseiras — às vezes, não apenas palavras — que geram mais conflitos, tanto na escola como em casa ou com os amigos.

OBJETIVO
Aprender a controlar os próprios sentimentos.

MEIOS
Evitar a raiva, superar o ressentimento, aprender a perdoar e a pedir perdão.

MOTIVAÇÃO
O pai de Davi quer encontrar uma ocasião favorável, na qual o filho esteja receptivo, para lhe falar sobre como a raiva e o ressentimento muitas vezes não resolvem problemas, mas os tornam piores.

HISTÓRIA
Essa semana, Davi teve vários transtornos durante as aulas. Anda com pouca paciência e tem estado cada vez mais suscetível: fica nervoso rapidamente e, no fim das contas, acaba discutindo; além disso, como cresceu bastante, sente-se forte fisicamente, razão pela qual tende, sem perceber, a querer se impor de forma desmedida.

Há muito tempo seus pais estão preocupados; contudo, não sabem mais o que dizer ao filho.

"Estou pensando aqui", concluiu o pai, "e terei que conversar com ele com calma. Sempre que há algum problema, logo conversamos sobre ele, mas

Davi não aceita muito bem o que lhe digo. Como não haverá aula nesta sexta-feira, vou lhe propor que me acompanhe na visita que tenho de fazer à fábrica. Já que ele diz que quer ser engenheiro, com certeza vai gostar."

RESULTADO
De fato, Davi estava entusiasmado com o programa. Durante a viagem, que durou quase uma hora e meia, pai e filho conversaram muito sobre coisas de engenharia. O pai se esforçou para lhe explicar bem e ser paciente, tendo notado que, quando falava com o filho como quem fala com um adulto, o filho respondia como um adulto. "Vejo que esse menino é mais sensato e profundo do que parece", pensou o pai consigo mesmo.

Na volta, como já tinha conseguido certa abertura, o pai, sentindo-se mais à vontade, passou a conversar com o filho sobre a personalidade do jovem; e, com o tom de voz mais cuidadoso do mundo, pediu que Davi, dando exemplos concretos, expressasse o que sentia durante aqueles momentos de ira. É certo que o pai teve de se esforçar para não o interromper em alguns pontos que considerou muito pouco objetivos, mas achou que, tendo chegado até ali, era melhor não perder o fio da meada.

Davi tinha até muita ciência do seu problema, mas via-se dominado pelo ímpeto de seus frequentes sentimentos de desgosto, raiva, rancor e tristeza. Além disso, passava horas revirando na cabeça os motivos pelos quais, supostamente, estaria certo; e, fazendo isso, acabava ficando ainda mais furioso.

CONTROLaR OS PRÓPRIOS SENTIMENTOS

O pai considerou que, dessa vez, Davi esteve mais receptivo, e por isso conseguiu conversar com ele calmamente sobre como a raiva não costuma resolver os problemas, mas agravá-los; sobre como traz sofrimento, e sofrimento inútil; sobre como nos faz dizer certas coisas das quais, instantes depois, nos arrependemos; sobre como produz em nós feridas que demoram a cicatrizar etc.

Tudo estava indo muito bem, até que o pai precisou dizer algo num tom de voz um pouco mais elevado, ao que Davi hesitou, respondendo: "Quer dizer que você esqueceu que também tem defeitos, ou não se lembra das vezes em que ficou bravo em casa?"

O pai de Davi foi inteligente e soube levar o golpe, que, em certo sentido, era bastante contundente. "A verdade", pensou ele, "é que esse menino tem explosões bem parecidas com as minhas: tal pai, tal filho". Por um momento, o pai sentiu que estava começando a ficar com raiva, mas logo a superou, consciente de que precisava dar ao filho um exemplo de como não ser irascível. Assim, aproveitou a ocasião para lhe explicar: "Olha, Davi", disse-lhe, "o que você me disse agora me causou, primeiramente, uma reação de raiva, porque eu me pareço muito com você. Porém, logo percebi que ficar com raiva não ia adiantar nem resolver nada, e sim estragar esse tempo de conversa tranquila que não tínhamos há muito tempo".

À medida que o pai ia falando, Davi o olhava com um semblante confuso: parecia-lhe que, daquela vez, o pai lhe falava com maior franqueza, como nunca antes; e, quando Davi ouviu o pai dizer que *também ele* iria se esforçar, isso soou ainda mais novo aos ouvidos do menino.

As coisas mudaram muito a partir dessa conversa, visto que a comunicação entre os dois lhes abriu uma porta — que permaneceu aberta; e, nos meses seguintes, ambos puderam conversar com confiança sobre esses assuntos, abordando até mesmo detalhes específicos. O resultado? Pai e filho conseguiram melhorar bastante.

SEGUNDA PARTE
MOTIVAR E MOTIVAR-SE

*O intelecto procura,
mas quem encontra é o coração.*
George Sand

CAPÍTULO 3
APRENDER a MOTIVAR-SE

> Merecem louvor os homens que em si mesmos encontraram o impulso necessário para subirem nos próprios ombros.
> Sêneca

Por que uns conseguem e outros não?

Em qualquer área profissional, é fácil perceber como existem pessoas que se destacam pela perseverança e dedicação ao trabalho, distinção que as faz superar outros colegas de capacidade intelectual muito superior. Por que isso acontece? Por que alguns conseguem manter tal esforço durante anos e outros não, embora estes últimos também o desejem?

Quase todo mundo gostaria de alcançar um nível profissional mais elevado, e a maioria tem talento pessoal de sobra para alcançá-lo. Por que, então, uns conseguem transformar esse desejo numa motivação diária que os faz vencer a inércia e outros, por outro lado, não?

Por que algumas crianças estudam constantemente sem sequer dar sinal de que a matéria é difícil e outras, ao contrário, não conseguem estudar de forma alguma, nem se alguém as forçar a isso, sob pena de castigo, tampouco se alguém alertá-las, calmamente, sobre as possíveis consequências da sua preguiça?

É claro que estamos falando de algo que não possui relação nenhuma com o QI.

*É fácil constatar que
as pessoas mais trabalhadoras ou motivadas
não coincidem com aquelas que
têm o QI mais alto.*

Há pessoas extremamente inteligentes que são muito preguiçosas e há pessoas pouco dotadas que demonstram uma perseverança admirável. Por quê?
Creio que seja uma questão de força de vontade.
Sim, mas é necessária alguma motivação para colocar a vontade em movimento. Como enfatizou Enrique Rojas, a vontade não pode ser cultivada a partir da indiferença. Para conseguir superar as dificuldades e o cansaço da vida, é necessário ver cada objetivo como algo grande e palpável que podemos e devemos alcançar. Portanto, em pessoas motivadas há sempre:
• algo que lhes permite obter satisfação onde outros não encontram — ou não colocam — nenhum entusiasmo;
• ou algo que lhes permite adiar essa satisfação (na maioria das vezes a motivação implica um adiamento, pois significa fazer um esforço *agora* para conseguir algo que consideramos mais valioso *depois*).

Parece claro que nas pessoas motivadas existe toda uma série de sentimentos e fatores emocionais que reforçam seu entusiasmo e sua tenacidade diante dos contratempos triviais da vida. Mas também sabemos que os sentimentos nem sempre podem ser produzidos de maneira livre e imediata. A alegria e a tristeza não podem se originar da mesma forma como um ato da vontade que cometemos deliberadamente. Aqueles são sentimentos que não conseguimos controlar do mesmo modo como controlamos, por exemplo, os movimentos dos braços. Conseguimos influir sobre a felicidade e a tristeza, mas apenas de forma indireta, preparando o terreno dentro de nós, estimulando ou rejeitando as reações afetivas que surgem espontaneamente em nossos corações.

Sentir a própria eficiência

A fé que um indivíduo deposita em suas próprias habilidades produz um incrível efeito multiplicador sobre essas mesmas habilidades. Aqueles que se sentem eficientes se recuperam mais rápido do fracasso e não ficam muito preocupados com o fato de que as coisas possam dar errado; antes, fazem o melhor que podem, sempre encontrando maneiras de se aprimorar e aperfeiçoar cada vez mais. Esse sentimento em relação à própria eficiência tem um enorme valor estimulante e é acompanhado de um sentimento de segurança, o qual provoca e impulsiona a ação.

Mas esse não é um sentimento meio arrogante?

É verdade que ele pode, sim, ser vivido de modo arrogante, permeado por uma atitude que contenha certo desprezo, ou mesmo por certa altivez atrevida. É verdade, também, que existem pessoas que só se bastam quando conseguem dominar os outros, pessoas que, ao se sentirem eficientes, podem acabar se comportando de modo hostil ou agressivo. Mas não são essas as atitudes a que nos referimos agora.

Felizmente, a busca por um sentimento da própria eficiência não precisa desaguar no desejo de dominar os outros. Há outros modos mais construtivos que levam o homem a se sentir senhor de si, dono de qualidades que — como em qualquer pessoa — são únicas, e a ser capaz de conduzir a própria formação e o próprio comportamento.

Como explicou José Antonio Marina, os sentimentos que nutrimos em relação a nós mesmos, ou a forma de avaliar nossa eficácia pessoal, nossa capacidade de cumprir tarefas ou enfrentar problemas, não são apenas mais um sentimento, mas intervêm como fator decisivo em muitos outros sentimentos pessoais, sobretudo nos sentimentos que se referem ao nosso relacionamento com os outros.

Temos uma enorme capacidade de direcionar nosso próprio comportamento. Antecipamos as consequências do que fazemos, estabelecemos metas e fazemos autoavaliações. E tudo isso pode ser estimulante ou paralisante, positivo ou negativo, construtivo ou autodestrutivo. Nossa inteligência é movida ou obstruída por esses sentimentos, que constituem um campo de forças animadoras ou deprimentes, em meio às quais o comportamento inteligente deve abrir caminho.

Por que você diz "abrir caminho"?

Porque existe uma grande diferença entre ter determinada capacidade e poder utilizá-la. Por essa razão, pessoas diferentes com recursos semelhantes — ou a mesma pessoa em ocasiões diversas — podem ter desempenhos bastante diferentes.

A vida cotidiana exige uma contínua improvisação de habilidades que nos permitirão abrir caminho entre as circunstâncias cambiáveis do nosso meio próximo, circunstâncias estas que, tantas vezes, são incertas, imprevisíveis e estressantes: cada pessoa reage a elas com sentimentos diferentes, o que levará ou ao retraimento ou à perseverança, a depender da ansiedade que elas causam no indivíduo e de sua capacidade de suportá-las.

As pessoas temem — e, portanto, tendem a evitar — situações cujo domínio consideram além de suas habilidades e escolhem, assim, outras com as quais se sentem capazes de lidar sozinhas. Por isso, a ideia que temos de nós mesmos condiciona em grande parte nossas ações, bem como o tom — pessimista ou otimista — com que selecionamos ou confirmamos nossas expectativas.

Aqueles que se consideram infelizes nos relacionamentos com os outros, por exemplo, ou que subestimam a própria capacidade de fazer amizades ou a sua perspectiva em relação a um namoro, tendem a exagerar a gravidade de suas próprias deficiências e das dificuldades externas que se apresentam. E essa autopercepção, quer de ineficiência, quer de incapacidade, costuma vir acompanhada de um aumento do que poderíamos chamar de medo antecipatório, que por sua vez facilita o fracasso. Todavia, quando o sentimento da própria eficiência é alto, o medo do fracasso diminui e, com ele, as chances reais de fracassar.

A imagem refletida

A imagem que temos de nós mesmos é, em grande medida, reflexo do que os outros pensam de nós; ou melhor: a imagem que temos de nós mesmos é, em grande medida, reflexo do que pensamos que os outros pensam de nós.

Além disso, não podemos esquecer que a imagem que alguém tem de si é um componente real de sua personalidade, regulando em grande parte o acesso à sua própria força interior. Em muitos casos, ela não apenas permite o acesso a essa força, mas também a *produz*.

Como pode a imagem de si mesmo produzir força interior?

Esse é um fenômeno que pode ser claramente observado, por exemplo, nos esportes.

Os treinadores sabem muito bem que, em determinadas situações emocionais, os seus atletas têm um desempenho inferior. Quando alguém fracassa ou se depara com um ambiente hostil, poderá facilmente sentir-se desanimado, enfraquecido e sem energia.

Quando um time de futebol joga diante de seus torcedores e estes torcem calorosamente, os jogadores crescem de forma surpreendente. Isso também é vivido na pele pelos corredores de longa distância e pelos ciclistas: podem estar no limite da resistência devido ao esgotamento de uma corrida muito longa, mas basta uma aclamação do público, enquanto dobram a curva, para que asas pareçam surgir nos seus pés.

Nossa força interior não é, contudo, dotada de um vigor constante, pois depende muito do que pensamos sobre nós mesmos. Se me considero incapaz de fazer algo, para mim será extraordinariamente custoso fazê-lo, se é que conseguirei fazê-lo de fato.

Além disso, o caminho do desânimo também tem seu poder de sedução, já que o vitimismo e a vitimização aparecem para muitas pessoas como algo realmente tentador.

A autoimagem
tem um efeito decisivo
na força interior do indivíduo.

E isso também se adquire por hábito: o tom otimista ou pessimista da vida, o viés favorável ou desfavorável com que vemos nossa realidade pessoal, também é algo que, em grande parte, pode ser aprendida, coisa que qualquer pessoa pode transformar num hábito, positivo ou negativo.

Esse hábito de pensar tanto na própria imagem não é um pouco narcisista?

O narcisista sofre porque não ama a si mesmo, mas sobretudo a sua imagem, da qual se torna verdadeiro escravo. No momento de escolher entre si próprio e a sua imagem, acaba, na prática, preferindo esta última. Daí a causa da sua angústia: essa atenção exagerada que dá à própria figura e que, como consequência, suprime a sua identificação consigo mesmo, bem como a sua autoconfiança.

Otimismo: o grande motivador

Matt Biondi, estrela da equipe de natação dos Estados Unidos nas Olimpíadas de 1988, tinha grandes esperanças de igualar o feito de Mark Spitz em 1972: ganhar sete medalhas de ouro.

Porém, Biondi ficou em terceiro lugar na primeira prova, de duzentos metros livres; e, na prova seguinte, de cem metros borboleta, foi novamente deixado para trás, terminando na segunda colocação após o *sprint* final.

Os comentaristas esportivos previam que essas falhas iriam desencorajar Biondi, que havia começado como favorito em ambos os eventos. No entanto, e contra todas as probabilidades, sua reação não foi a de se afundar naquele momentâneo fracasso, mas se superar. E assim ele fez, conquistando a medalha de ouro nas cinco corridas restantes.

O otimismo é uma postura que nos impede de cair na apatia, no desespero, na tristeza, quando estamos diante de adversidades. Como Martin Seligman apontou, o otimismo (o otimismo realista, porque o otimismo ingênuo pode ser desastroso) influencia a maneira como as pessoas explicam seus sucessos e fracassos para si mesmas.

*Os otimistas
tendem a considerar
que suas falhas se devem*

> a algo que pode ser aperfeiçoado;
> e, graças a essa percepção, conseguem
> fazer com que, da próxima vez,
> seus resultados melhorem.

Os pessimistas, por sua vez, sentindo-se incapazes, atribuem seus fracassos a obstáculos que consideram impossíveis de serem superados.
Diante de uma falha ou de uma interrupção do trabalho, por exemplo, os otimistas tendem a reagir de forma ativa e esperançosa, buscando ajuda e aconselhamento, olhando para a frente, de cabeça erguida, tentando remover os obstáculos; os pessimistas, por sua vez, consideram imediatamente os contratempos como algo quase irremediável e reagem pensando que não podem fazer praticamente nada para melhorar as coisas. Assim, nada fazem: para o pessimista, a adversidade quase sempre se deve a algum déficit pessoal insuperável ou à maldade e egoísmo alheios, os quais confabulam contra ele.
O ponto-chave está em se a pessoa irá permanecer firme e forte, seguindo em frente mesmo quando as coisas não saírem conforme o desejado, mesmo quando o resultado for frustrante. O otimismo é muito importante na vida de qualquer um; e, na tarefa de educar, pode-se dizer que é essencial, pois a própria educação pressupõe, de certa forma, algum otimismo: educar é crer firmemente na capacidade que o homem tem de melhorar os outros e a si mesmo.

Tipos pessimistas e tipos otimistas

Existem, atualmente, indícios claros de que a predisposição à depressão vem aumentando entre os jovens, e de modo preocupante. A tendência patológica à autocomiseração, ao desânimo, à melancolia, se revela cada vez com mais frequência e na mais tenra idade.

Embora a tendência à depressão tenha, em parte, origem genética, ela é potencializada por hábitos mentais pessimistas que, quando se apresentam, produzem na pessoa certa predisposição a se sentir oprimido pelos pequenos contratempos da vida (problemas escolares, incompreensão dos pais, dificuldades no relacionamento social etc.). O mais revelador é que muitas pessoas propensas à depressão costumam ser dominadas por hábitos mentais pessimistas antes mesmo de cair nela, e isso sugere que lutar contra esses hábitos é uma boa maneira de prevenção.

Todos sofremos derrotas que, momentaneamente, nos deixam imersos num estado de impotência ou desmoralização. Por que algumas pessoas saem rapidamente desse estado, enquanto outras ficam presas nele, como quem caiu numa armadilha?

Cada pessoa tem um jeito para explicar e enfrentar os acontecimentos que a afetam. Tipos pessimistas tendem a explicar situações desagradáveis tentando encontrar justificativas de caráter pessoal ("A culpa é minha") ou fatalista ("Sempre vai ser assim"), projetando-os, de maneira expansiva, sobre o futuro ("Isso vai arruinar completamente a minha vida"). Com tal postura, o sentimento de fracasso deixa de ser apenas algo do passado ou do presente e passa a ser o prenúncio de um futuro sombrio: "É assim mesmo, a culpa é minha, e sempre será assim".

Tipos otimistas são completamente opostos: "Há coisas que não dependem de mim, situações ruins não duram para sempre e nem duram uma vida inteira, apenas uma parte dela".

O que fazer para deixar de ser pessimista e se tornar otimista?

Não é algo simples. Iremos abordar isso ao longo de todo o livro. A chave talvez esteja em aprender a mudar um pouco a forma de pensar, bem como no estilo com que explicamos as coisas que nos afetam e as causas que atribuímos ao que nos acontece. Como disse Josemaria Escrivá de Balaguer: "Não chegarás a conclusões pessimistas se especificar [as coisas]."

E você acha que as pessoas nascem assim?

Embora haja sempre algum traço genético por trás da propensão ou ao otimismo, ou ao pessimismo, a aprendizagem pessoal tem, desde cedo, uma influência decisiva. Por exemplo: uma criança de sete anos já tem um jeito muito pessoal de explicar as coisas que lhe acontecem. Antes dessa idade, as crianças costumam ser sempre otimistas, e por isso não há depressão ou suicídio entre crianças em tão tenra idade (já houve casos de crianças que cometeram assassinato aos cinco anos, mas nunca de atentarem contra a própria vida).

O que determina essa maneira de interpretar as coisas?

Acima de tudo, a forma como os pais explicam cada coisa que acontece. A criança ouve continuamente comentários sobre os acontecimentos da vida diária. Suas antenas estão sempre alertas, e ela sente inesgotável interesse em encontrar explicações para as coisas, procurando, com insistência, resposta a todos os seus porquês. O pessimismo ou o otimismo dos pais e dos irmãos é recebido pela criança como se fosse a própria estrutura da realidade.

Outro elemento decisivo é a forma como os adultos — pais, familiares, professores, empregada etc. — apreciam ou criticam o comportamento das crianças. Elas prestam muita atenção não apenas ao conteúdo da reprimenda, mas também à maneira como são repreendidas.

Há grande diferença, por exemplo, se as censuras ou repreensões se baseiam em causas permanentes ou em questões temporárias. Se um menino ou uma menina ouve: "Você mentiu", "Você não está prestando atenção", "Nesta avaliação você demonstrou ter estudado pouco a matemática" ou frases semelhantes, esse menino, essa menina, receberá tais palavras como observações baseadas em descuidos ocasionais e específicos, os quais podem ser superados.

Por outro lado, se lhes dizem regularmente: "Você é um mentiroso", "Você está sempre distraído", "Você é muito ruim em matemática" etc., a criança entenderá isso como uma característica permanente e muito difícil de ser evitada.

O modelo educacional pode atrapalhar ou favorecer a motivação.

O mundo emocional de cada indivíduo pode ou atrapalhar ou favorecer sua capacidade de pensar, de superar problemas, de manter os objetivos de forma constante. Por isso, a educação dos sentimentos ajuda a determinar se cada pessoa fará ou não fará render seus talentos.

A aprendizagem da decepção

Outro elemento importante é a forma como as crianças superam as primeiras grandes crises que ocorrem em suas vidas. Se as superarem bem, enfrentarão as seguintes com muito mais otimismo. Por outro lado, crianças que historicamente vivenciaram situações críticas ou mal resolvidas tendem a sofrer crises semelhantes no futuro.

O que você quer dizer com "crises mal resolvidas"?

Sentimentos de fracasso ou decepção, quando não se sabe como aceitá-los, tendem a se fixar na memória, piscando como um chamariz perturbador; e, em vez de proporcionar ao indivíduo uma experiência instrutiva, faz com que uma ideia negativa sobre si mesmo ou sobre os outros tome conta da sua mente.

E qual é a solução para isso?

Talvez aprender a fazer as pazes consigo mesmo. Em muitos casos, basta aceitar serenamente o erro, ao que os fantasmas do fracasso logo desaparecem e podem trazer muitas lições úteis. É preciso enfrentar o desânimo e a raiva; redirecionar os pensamentos; e, assim, reorientar também os sentimentos. O mero fato de enfrentarmos pensamentos negativos já é capaz de dissipar, aos poucos, o impulso pessimista; além disso, mediante o esforço diário, tal prática acaba se tornando um hábito. Quando alguém consegue transformar o fruto do fracasso em ferramenta que forja sua pessoa e a aperfeiçoa, terá feito uma descoberta tremendamente libertadora.

Como apontou José Antonio Marina, existem dois tipos de raciocínio nocivo diante do fracasso. O primeiro é: "Se procuro fazer as coisas bem, ficarei bem; porém, como estou mal, não consigo fazer nada bem". Resultado: depressão e culpa.

E o segundo é parecido: "Se procuro fazer as coisas bem, ficarei bem; estou fazendo as coisas bem, mas não estou bem: portanto, o mundo é injusto". Resultado: raiva e indignação.

*Uma das chaves
para uma boa
educação sentimental
é aprender a assumir o fracasso.*

Neste ponto, o sentido que cada um quer dar à sua vida tem total influência. Como Martin Seligman enfatizou no final dos estudos a que nos referimos antes, pode-se dizer que, nas últimas décadas, temos assistido, em muitos lugares, a um aumento do individualismo e a um declínio das crenças religiosas e do apoio moral fornecido pela família, pela comunidade e pela sociedade. Tudo isso traz a perda de uma série de recursos úteis para amortecer os reveses e fracassos da vida. Na medida em que se tem uma perspectiva mais ampla — como a crença em Deus e na vida após a morte —, os fracassos se inserem numa conjuntura diferente, bem mais resistente ao desânimo e à desesperança.

Quando sabemos enquadrar as coisas em seu devido contexto, compreendemos que o homem só falha de fato quando falha como pessoa: essa é a verdadeira e profunda desilusão, aquela que transforma a própria vida numa tragédia. Não há nada mais frustrante do que experimentar um sucesso exterior quando o que há por dentro só gera vergonha e constrangimento.

Capacidade de concentração

Quando uma pessoa passa por uma grande crise na vida (enfrentando, por exemplo, delicados problemas familiares ou profissionais, ou ainda doenças graves), ela sente na própria pele quão difícil é manter-se compenetrada nas tarefas costumeiras de trabalho ou estudo.

Do mesmo modo, quem já sofreu de depressão também sabe como, nessa situação, os pensamentos de autopiedade, o desespero, a sensação de impotência ou desânimo são tão intensos que atrapalham, seriamente, qualquer outra atividade cotidiana.

De maneira mais geral, quando determinado estado emocional turba nossa concentração, notamos que a capacidade que temos de armazenar na mente todas as informações relevantes para a tarefa a ser realizada diminui significativamente, e assim não conseguimos pensar com clareza.

No extremo oposto dessa dificuldade de fixar a atenção em algo está o que poderíamos chamar de *concentração*: um estado de esquecimento de si mesmo, no qual a atenção é completamente absorvida e direcionada por nós, fixando-se quase exclusivamente na estreita faixa de percepção relacionada à tarefa que estamos cumprindo.

Dito assim, mais parece uma obsessão.

A diferença é que uma preocupação obsessiva produz inquietação, ao passo que a concentração produz um estado de serenidade e de absorção naquilo que fazemos.

Como bem observou Daniel Goleman, a concentração nos faz entrar numa espécie de oásis em que conseguimos manter um alto desempenho fazendo pouco esforço; e ali ficamos entregues a uma tarefa sem pensamentos intrusos que nos distraiam. É este um estado capaz de converter o mais difícil trabalho no mais agradável e recompensador deles, em lugar de uma azáfama exaustiva e desgastante. Eis a razão por que isso gera consequências consideráveis na educação, por exemplo, de crianças e adolescentes.

Porém, nem toda concentração é boa: pode-se estar muito focado em algo inútil, ou mesmo prejudicial.

De fato. Muitas crianças e adolescentes passam tempo demais assistindo televisão, todos os dias, durante horas a fio — atividade que só serve para deixá-los aborrecidos, já que dificilmente traz algo positivo ou testa suas habilidades. Se, no entanto, conseguirmos fazê-los descobrir a satisfação de se entregar a uma tarefa que estimule sua capacidade, que os faça sentir-se comprometidos com algo que os teste e os mova a desenvolver novos aspectos de seu talento, então eles terão entrado no ciclo da motivação.

> *Eles precisam adquirir o hábito*
> *de fixar a atenção*
> *em tarefas que exijam*
> *um desenvolvimento exigente*
> *de suas capacidades.*

Caso contrário, o alcance das tarefas intelectuais que essas crianças e adolescentes poderão exercer no futuro será muito limitado, pois se tornarão indivíduos desproporcionalmente improdutivos e ingratos.

Para melhorar neste aspecto, é preciso se esforçar com a intenção de não depender excessivamente do bem-estar, de não se deixar abater facilmente por pequenos aborrecimentos, pelos desconfortos ou pelo esforço físico. É preciso aprender a se concentrar naquilo que se deve fazer, mesmo que essa tarefa exija ficar em pé por muito tempo, sentar-se num lugar desconfortável ou suportar uma situação que envolva certa tensão.

Nesse sentido, é muito positivo encontrar tarefas e habilidades que fortaleçam, em crianças e adolescentes, a capacidade de concentração e de estabelecer metas — tarefas que exijam desempenho, nas quais eles se sintam seguros, satisfeitos, estimulados: tocar um instrumento musical, aprender idiomas, praticar um esporte, interessar-se por história ou pintura, gostar de astronomia, bricolagem, fotografia etc. Dessa forma, obterão maior independência em relação à inércia que poderíamos chamar de corporal, estando aptos a propor e empreender outros projetos mais sérios ao longo da vida.

Controlar as preocupações

Muitos estudantes têm a tendência a ficar preocupados e ansiosos durante as provas, o que afeta negativamente seus resultados. Em outras pessoas, contudo, a preocupação que antecede um exame estimula sua intensidade no estudo, e graças a ela seu desempenho é muito superior.

> *O ponto-chave é:*
> *por que a preocupação*
> *estimula uns*
> *e paralisa outros?*

Segundo alguns estudos abrangentes feitos por Richard Alpert, a diferença entre uns e outros está na forma como lidam com a sensação de inquietação que os invade quando estão prestes a fazer uma prova. Para uns, a mesma empolgação e interesse em fazer bem o exame os leva a se preparar e estudar com mais seriedade; outros, por sua vez, são assaltados por pensamentos negativos (como "não vou conseguir passar", "sou péssimo nesse tipo de prova", "não sou bom nessa matéria" etc.), e essa predisposição sabota seus esforços. A agitação afeta a organização mental necessária para o estudo e, assim, obscurece qualquer clareza durante a realização do exame. É assim que as preocupações acabam se tornando o prenúncio certo de fracassos iminentes.

Por outro lado, quem controla as emoções é capaz de aproveitar essa ansiedade — que surge antes de uma prova, de uma conferência, de uma entrevista importante — para se motivar e se preparar adequadamente, obtendo assim melhor desempenho.

Será necessário, então, encontrar um meio-termo entre a ansiedade e a indiferença.

Sim, pois a ansiedade excessiva turba o esforço de se fazer algo bem; contudo, a ausência total de ansiedade (isto é, no sentido da indolência) gera apatia e desmotivação.

Por isso, algum entusiasmo (e, em certas ocasiões, mesmo alguma euforia) é bastante positivo na maioria das tarefas humanas, especialmente em tarefas de caráter criativo. Entretanto, se crescer demais e ficar fora de controle, a agitação pode prejudicar a capacidade de pensar com coerência e impedir que as ideias fluam com precisão e de forma realista.

Estados de espírito positivos aumentam a capacidade de pensar com agilidade e sensatez diante de questões complexas, fazendo com que seja mais fácil encontrar soluções para os problemas, sejam eles teóricos, sejam aqueles das relações humanas. Um modo eficaz de ajudar alguém a lidar corretamente com seus problemas, portanto, é fazê-lo sentir-se feliz e otimista. Pessoas bem-humoradas têm uma predisposição que as leva a pensar de forma mais abrangente e positiva; e, graças a ela, gozam de uma capacidade consideravelmente maior de tomar decisões acertadas.

Estados de espírito negativos, por outro lado, distorcem nossas lembranças e as conduzem numa direção pessimista, tornando mais provável que tomemos decisões mais tímidas, temerosas e desconfiadas.

Suspender gratificações

Na década de 1960, Walter Mischel fez uma pesquisa na Universidade de Stanford com crianças em idade pré-escolar, mais especificamente de quatro anos de idade, apresentando-lhes um dilema simples: "Agora, tenho de ir ali; e, em cerca de vinte minutos, voltarei: se quiser, pode ficar com este chocolate; mas, se esperar eu voltar, você vai ganhar dois."

O dilema acabou sendo um verdadeiro desafio para a maioria dos pequenos. Internamente, eles travaram um intenso debate: a luta entre a vontade de comer a barra de chocolate e a vontade de se conter e esperar para, dali a pouco tempo, conseguir, em vez de uma, duas.

Trata-se de uma luta entre o desejo primordial e o autocontrole, entre a satisfação e a demora em obtê-la. Essa é uma luta de indiscutível relevância na vida de qualquer pessoa.

> *Talvez não exista*
> *habilidade psicológica*
> *mais crucial*
> *do que a capacidade*
> *de resistir a um impulso.*

Resistir aos impulsos é o fundamento de qualquer tipo de autocontrole emocional, pois toda emoção implica um desejo de agir; e, obviamente, tal desejo nem sempre será oportuno.

No fim das contas, Walter Mischel desenvolveu seu estudo e acompanhou aqueles mesmos meninos por mais de quinze anos.

Na primeira avaliação, descobriu que aproximadamente dois terços das crianças de quatro anos tinham sido capazes de esperar por vinte minutos — tempo que, aliás, deve ter sido uma eternidade para elas — até que o pesquisador voltasse. No entanto, o restante das crianças atacou o chocolate assim que ficou sozinho na sala.

Além de verificar quão diferente era a capacidade de adiar uma satisfação — e, portanto, o autocontrole emocional — entre as crianças, uma das coisas que mais chamou a atenção da equipe de pesquisa foi a maneira como aqueles meninos suportaram a espera: eles evitavam olhar para a barra de chocolate. E, para se distrair, uns cantavam, outros brincavam, e havia até quem tentasse dormir.

No entanto, o fruto mais surpreendente desse estudo comparativo veio dez ou doze anos depois, quando se pôde verificar que a maioria daqueles meninos e meninas que na infância haviam conseguido resistir à memorável espera pela barra de chocolate, ao chegar à adolescência, tornou-se — em termos gerais — gente visivelmente mais diligente e equilibrada, menos propensa à corrupção, mais resistente à frustração e mais determinada e constante.

Em quatro anos de vida uma criança já recebeu muita educação: pode ter aprendido a ser obediente ou desobediente, disciplinada ou volúvel, ordeira ou bagunceira. Por isso, mais do que enaltecer um determinismo obscuro e obsoleto ou velhas teses *behavioristas*, o que a pesquisa destaca é que as habilidades que despontam cedo, durante a infância, tendem a florescer mais tarde — ao longo da adolescência ou da vida adulta —, dando origem a uma ampla gama de capacidades emocionais: a capacidade de controlar impulsos e ignorar satisfações, apreendida com naturalidade desde a infância, é uma habilidade fundamental tanto para seguir uma carreira como para ser uma pessoa honesta ou ter bons amigos.

A experiência mencionada mostra como as crianças já têm capacidades emocionais relevantes desde tenra idade (como perceber a conveniência de reprimir um impulso ou saber como desviar a atenção de uma tentação) e que educá-las nessas capacidades será de grande ajuda para seu desenvolvimento futuro.

Essa capacidade de resistir a impulsos, protelando ou evitando uma satisfação a fim de atingir outros objetivos — seja passar num exame, abrir um negócio ou defender princípios éticos —, é parte essencial do autocontrole. Ademais, tudo o que puder ser feito em matéria de educação ou autoeducação para estimular tal capacidade será sempre de grande importância.

CAPÍTULO 4
RECONHECER OS SENTIMENTOS ALHEIOS

Sensibilidade para com os sentimentos alheios

Há pessoas que sofrem de uma falta de intuição fora do comum em relação aos sentimentos dos demais.

Elas podem, por exemplo, passar um longo tempo conversando alegremente, sem perceber que estão sendo irritantes ou que seu interlocutor, com pressa, está há dez minutos tentando achar uma desculpa convincente para encerrar a conversa, ou ainda que tem insinuado, discretamente, não ter nenhum interesse no assunto.

Talvez essas pessoas estejam tentando proferir palavras que, a seu ver, são uma crítica construtiva amigável e cordial — ao cônjuge, a um filho, a um amigo —, e nisso não percebem que, devido à situação do seu interlocutor naquele momento específico, não conseguirão outra coisa além de feri-lo.

Ou, então, elas se intrometem nas conversas dos demais; mudam de assunto sem pensar no interesse alheio; fazem piadas indesejadas; contam confidências que incomodam e podem causar constrangimento...

Talvez, ainda, busquem animar uma pessoa que está deprimida depois de passar por uma situação que a deixou com raiva, mas dirigindo a ela palavras que, embora contenham alguma vontade de se aproximar, revelam-se contraproducentes.

Ou falam em tom imperioso e autoritário, crendo que isso os faz parecer pessoas determinadas e enérgicas, e não percebem, contudo, que, sempre que calam alguém com seu comportamento, fazem calar também um coração.

Por que você acha que essas pessoas são assim? Por que elas parecem entrar na vida dos outros como um cavalo numa loja de cristais?

Geralmente, não o fazem por maldade. O mais comum é que, como dissemos, falte a elas sensibilidade em relação aos sentimentos dos outros.

Como Daniel Goleman apontou, não expressamos a maior parte dos nossos sentimentos de forma verbal, mas emitimos, continuamente, mensagens emocionais, por meio de gestos, expressões faciais ou manuais, pelo tom de voz, pela postura corporal ou mesmo pelo silêncio que, tantas vezes, diz muita coisa. Cada pessoa é um emissor contínuo de mensagens afetivas dos mais diversos tipos (gratidão, desagrado, cordialidade, hostilidade etc.) e, ao mesmo tempo, um contínuo receptor das mensagens emitidas pelos outros.

Essas pessoas de quem falávamos, tão invasivas, são assim porque desenvolveram mal a capacidade de captar as mensagens dos outros: permaneceram, por assim dizer, um pouco surdas a essas emissões não verbais que todos emitimos continuamente.

Trata-se de um fenômeno que também constatamos em nós mesmos quando, tardiamente, percebemos que nos faltou tato para lidar com determinada

RECONHECER OS SENTIMENTOS ALHEIOS

pessoa, que não notamos que ela esteve tentando nos fazer entender algo, que a ofendemos sem querer ou que fizemos pouco caso dos seus sentimentos.

Nesses momentos notamos a nossa falta de empatia, a nossa surdez às notas e acordes emocionais que todas as pessoas emitem — às vezes mais diretamente e outras, sutilmente, nas entrelinhas.

Mesmo assim, perceber que cometemos esses erros já é um progresso.

Sem dúvida, pois nos dá a oportunidade de melhorar. À medida que o nosso nível de discernimento das mensagens não verbais emitidas pelos outros for aumentando, seremos pessoas mais sociáveis, faremos amigos com maior facilidade, seremos mais estáveis emocionalmente etc.

Essa é uma capacidade central para a vida de qualquer pessoa, pois influi sobre um espectro muito amplo de necessidades vitais humanas: é fundamental para o bom funcionamento de um casamento, para a educação dos filhos, para formar uma equipe em qualquer atividade profissional, para exercer autoridade... Enfim, para quase tudo.

Desde a primeira infância

A capacidade de reconhecer os sentimentos alheios, esse discernimento que facilita tanto o estabelecimento de uma boa comunicação interpessoal, tem raízes que remontam à primeira infância. Já em seus primeiros anos, algumas crianças têm uma percepção aguda dos sentimentos dos outros; outras, ao contrário, parecem ignorá-los por completo. Essas diferenças se devem, em grande parte, à educação.

E como se aprende isso?

É importante, por exemplo, que a criança esteja ciente do que seu comportamento significa para as outras pessoas.

> *Temos de fazê-las perceber*
> *as repercussões*
> *que suas palavras*
> *e ações geram*
> *nos sentimentos*
> *alheios.*

Para isso, é necessário prestar atenção à reação da criança diante do sofrimento ou da satisfação dos outros e, mediante o ensino adequado, fazê-la perceber isso, sempre em tom cordial e sereno. Ao falar com a criança — embora isso também possa se aplicar, *mutatis mutandis*, a adolescentes e adultos —, em vez de dizer simplesmente que ela fez algo bom ou mau, é melhor dizer: "Você fez uma coisa ruim, veja como deixou sua mãe triste"; ou: "Papai está muito contente com a forma como você se comportou". Assim a criança perceberá quais sentimentos suas palavras fizeram brotar nos demais, e essa percepção as fará constatar a consequência dos seus atos.

E por que os sentimentos de dois irmãos criados da mesma maneira são, muitas vezes, tão antagônicos?

RECONHECER OS SENTIMENTOS ALHEIOS

Além da educação, muitos outros fatores estão em jogo; e, por isso, deve-se sempre considerar uma ampla gama de características, relacionadas ao temperamento com que cada um nasce, às decisões pessoais que cada um toma ao longo da vida, entre outras coisas. De qualquer forma, a educação é um fator de grande peso; por isso, o mais comum é que os irmãos — especialmente nos primeiros anos — sejam parecidos em termos de educação sentimental.

> *Além disso, embora a educação*
> *não seja o único fato,*
> *é sobre esse fator que*
> *os pais mais podem agir.*

O poder do exemplo

Na aprendizagem emocional, os processos de imitação desempenham um grande papel e podem, no dia a dia, se apresentar de maneira bem sutil.

Basta pensar, por exemplo, na facilidade com que ocorrem mudanças no estado de espírito das pessoas (a felicidade e a tristeza, o bom e o mau humor, a tranquilidade e a raiva, sendo esses estados de espírito notavelmente contagiantes), ou em como a capacidade de reconhecer a dor dos outros e ajudar a quem precisa é transmitida de pais para filhos. São estilos emocionais que todos aprendemos naturalmente, quase que por osmose.

Não devemos esquecer que, na maioria das vezes, captamos as mensagens emocionais de forma praticamente inconsciente, registrando-as em nossa memória sem saber de fato o que são e reagindo a elas com pouca ou nenhuma reflexão. Diante de determinada atitude de outra pessoa, por exemplo, reagimos com afeto e simpatia ou, ao contrário, com receio ou desconfiança, e tudo isso de forma um tanto automática, sem que saibamos explicar por quê. Todos somos altamente influenciados por hábitos emocionais que, em muitos casos, fomos aprendendo sem perceber, apenas observando os que nos cercam.

Você diz que essa habilidade é transmitida na família; contudo, existem crianças muito egoístas e insensíveis cujos pais, por sua vez, têm um grande coração.

Isso de fato acontece. E a razão é clara:

*O modelo
é importante,
mas não é tudo.*

Além de lhes apresentar um modelo (por exemplo, de pais atentos às necessidades do próximo), é necessário sensibilizá-los em relação a esses valores (fazê-los descobrir essas necessidades nos outros e lhes apontar a graça que há num estilo de vida fundado na generosidade).

Se não há exigência pessoal, a preguiça e o egoísmo sufocam facilmente qualquer processo de amadurecimento emocional.

RECONHECER OS SENTIMENTOS ALHEIOS

*O afeto potencializa
a aprendizagem,
mas não pode substituí-la.*

Além disso, sem um pouco de disciplina dificilmente se aprende a maioria das coisas que consideramos importantes na vida. Como escreveu Susanna Tamaro, a disciplina e a autoridade são elementos centrais para educar, pois geram respeito e vontade de melhorar.

É fundamental, ainda, que a criança esteja em sintonia com os pais e demais educadores:

• que exista um ambiente descontraído, com boa interação;

• que na família seja fácil criar momentos de maior intimidade, nos quais os sentimentos de cada um possam vir à tona com confiança e, assim, serem partilhados e educados;

• que não haja excessivo pudor na hora de expressar os próprios sentimentos (existem, por exemplo, inúmeros estudos sobre o efeito positivo de demonstrar afeto às crianças por meio de um olhar, um beijo, um tapinha, um abraço etc.);

• que seja fácil apontar, com lealdade e afeição, aquilo de que não gostamos nos outros etc.

Quando falta essa harmonia em relação a algum tipo de sentimento (misericórdia diante do sofrimento alheio, desejo de melhorar diante de uma contrariedade, alegria diante do sucesso do outro), e quando, em um ambiente — familiar, escolar, social etc. —, esses sentimentos não são estimulados, ou chegam mesmo a ser impedidos ou desprestigiados, a pessoa tende a não manifestá-los e, aos poucos, os sentirá cada vez menos: irão assim desvanecer a ponto de sumir por completo de seu repertório emocional.

Um saudável e cordial inconformismo

A falta de capacidade para identificar os sentimentos alheios leva à inépcia e à falta de desenvoltura nas relações sociais. É por isso que, muitas vezes, mesmo as pessoas mais brilhantes intelectualmente podem acabar falhando em seu relacionamento com os outros e parecendo arrogantes, insensíveis ou até detestáveis.

Existe toda uma série de habilidades sociais que nos permitem nos relacionar com o próximo e motivá-lo, inspirando nele simpatia, transmitindo-lhe ideias, demonstrando-lhe afeto, tranquilizando-o, e assim por diante. A carência de tais habilidades, por sua vez, pode facilmente nos levar a inspirar antipatia nas pessoas, desencorajá-las, despertar nelas uma atitude defensiva em relação a nós, colocá-las contra o que fazemos ou dizemos, preocupá-las, irritá-las etc.

Trata-se de uma aprendizagem emocional que, como já dissemos, começa muito cedo e cuja prática consiste em ensinar a criança a:

• conter as emoções (controlando, por exemplo, a decepção ao receber um presente dado com boa intenção, mas que não atendeu às suas expectativas);

RECONHECER OS SENTIMENTOS ALHEIOS

- se esforçar para, educadamente, ter interesse — e expressá-lo — em conversas rotineiras que por si sós não a interessam tanto.

Porém, de certa forma, isso não seria ocultar os verdadeiros sentimentos e substituí-los por outros que, no fundo, a criança não tem — isto é, por sentimentos falsos ou artificiais?

Não se trata disso.

> *Não se deve buscar*
> *falsear os sentimentos,*
> *mas modelá-los,*
> *criando, assim,*
> *um estilo emocional próprio.*

Se uma pessoa percebe, por exemplo, que está sendo dominada por sentimentos de inveja, egoísmo, ressentimento, o que deve fazer é tentar conter esses sentimentos negativos enquanto busca estimular os sentimentos positivos correspondentes. Assim, com o passar do tempo, ela conseguirá fazer com que esses bons sentimentos se imponham sobre aqueles ruins, transformando positivamente sua própria vida emocional.

Porém, muitos sentimentos não são bons ou maus em si mesmos, mas apenas adequados ou inadequados, a depender da situação em que nos encontramos.

Sim; e por isso mesmo é necessário, na maioria das vezes, esforçar-se por compartimentar as emoções, ou seja, tentar esquivar-se à influência delas quando as circunstâncias mudarem e exigirem de nós uma nova atitude.

Podemos passar por uma situação no trabalho, por exemplo, que nos leva a usar nossa autoridade de uma maneira que muito provavelmente não é a mais apropriada (e assim o constatamos ao chegar em casa); ou, talvez, tenhamos tido uma conversa um tanto tensa, uma reunião complicada, da qual saímos meio aborrecidos, com ou sem motivo... Ocorre que, se bem analisados, aquela atitude, aquele tom de voz, aquela expressão facial, podem ter sido assaz inoportunos, e por isso cabe a nós evitá-los numa próxima reunião ou conversa.

Com isso, tem-se que a dificuldade de relacionar-se que muitas pessoas têm não decorre da ausência de afabilidade ou cordialidade; mas de uma ignorância específica: elas não sabem separar e classificar as emoções. Ao permitirmos que nossas frustrações contaminem situações alheias à sua causa originária, fazemos com que os outros paguem por frustrações que, sendo nossas, nada têm que ver com eles — frustrações cuja raiz e cujos males estão em nós. Se nos tornarmos pessoas desse tipo, estaremos muito suscetíveis às mais variadas desilusões, pois nos deixaremos arrastar pelo nosso próprio desânimo, por nossa própria tensão, por nossa própria euforia. Pessoas assim são simplórias: como livros abertos, podem ser lidas sem nenhum empecilho, razão pela qual são tão vulneráveis; quem souber captar as mudanças do seu inconstante estado de espírito irá brincar com elas como se fossem marionetes, sabendo tocar o ponto certo na hora certa.

RECONHECER OS SENTIMENTOS ALHEIOS

É verdade que muitas vezes experimentamos sentimentos que não nos parecem adequados; mas esperar o dia todo para corrigi-los gera certa tensão interior. Isso é bom?

Não se deve tratar de uma tensão ensimesmada, tampouco sufocante. Deve, antes, ser um empenho cordial e agradável, como um exercício saudável praticado sempre com espírito esportivo, que não nos esgote nem nos inquiete, mas que nos faça sentir que estamos em boa forma; é preciso que nos enriqueça e nos permita desfrutar verdadeiramente da vida.

E quando alguém é capaz de se sentir satisfeito com o estilo de seus sentimentos?

Esse assunto não tem fim e rende muitos desdobramentos; mas, em suma, sou a favor de um saudável, cordial e prudente inconformismo, pois quem se conforma demais com o que é está como que hipotecando a própria felicidade.

Capacidade de estabelecer contato pessoal

Davi, um rapaz de quinze anos, com seu semblante sério, referindo-se a um dos seus professores, disse-me assim: "Percebi que aquele senhor enfrentava dificuldades com nossa turma."

E Davi continuou: "E então pensei: esse nosso professor deve ter uma esposa e, provavelmente, filhos; e imaginei que, naquela noite, eles o estivessem esperando para o jantar; e que, ao verem o pai chegar, correriam para ele sem chamá-lo de *professor*, mas prontos para beijá-lo; e que esse homem — a quem tanto perturbamos, a quem tanto destratamos, fazendo toda aquela algazarra — era o pai, era o herói de alguém, chegando cansado após um longo dia de trabalho."

Ao ouvi-lo, pensei na admirável capacidade que Davi tinha de observar e identificar os sentimentos alheios. Aquele menino, que eu já conhecia havia algum tempo, possuía um talento surpreendente para entender o que se passava no interior das pessoas, característica que o tornava muito sociável. Era uma dessas pessoas agradáveis de se ter por perto; pois, graças à destreza com que compreendia as emoções, fazia qualquer um se sentir bem em sua presença.

E então cheguei à conclusão de que pessoas como ele têm um valor especial, graças a essa aptidão de influir sobre outrem de maneira muito positiva. É a pessoas desse tipo que todos recorrem quando precisam de um conselho, de palavras reconfortantes ou de uma conversinha rápida. Era óbvio que Davi poderia estabelecer, instantaneamente, contato pessoal com quem quer que fosse. A que se devia tal habilidade?

Não é tão fácil saber, pois trata-se de algo bastante sutil: um conjunto de qualidades misteriosas, que se manifestavam no modo como ele cumprimentava as pessoas; no tom de voz que usava para dirigir-se a elas; na empolgação com que se interessava pelos seus detalhes pessoais; no olhar que, direcionado ao interlocutor, despertava neste uma sensação de proximidade e conexão, fazendo-o se sentir acolhido

RECONHECER OS SENTIMENTOS ALHEIOS

e valorizado. Mas, acima de tudo, Davi reconhecia muito bem como as pessoas se sentiam.

E como se desenvolve essa capacidade?

Desenvolvendo a capacidade de observação e sendo capaz de associar os sentimentos que se entreveem nos outros a determinados gestos, comentários, expressões faciais, tons de voz, tipos de reações, e assim por diante. Esse é um conjunto de comportamentos que sempre podemos observar.

Isso não poderia se transformar numa obsessão psicológica por catalogar pessoas?

Não se trata disso. Na verdade, pode e deve ser algo bem natural. Por exemplo: há pessoas que parecem ter pouquíssima capacidade de perceber se o cônjuge, o filho, o pai, a mãe, o colega, o vizinho, quem quer que seja, aparenta estar bem ou mal. Por quê? Porque talvez nunca prestem atenção nas expressões alheias — seja por se fixarem muito em si mesmas, seja por simplesmente não darem atenção a esse tipo de coisa.

Quando nos interessamos um pouquinho pelo próximo, logo fica claro o significado de suas expressões, se são de desgosto ou de alegria; e sabemos que, nas entrelinhas, o sorriso forçado indica que não achou graça na piada que fizeram com ele; que morder o lábio é sinal de que ele está ficando com raiva; que aquelas olheiras, aquele rosto pálido, revelam uma longa noite de insônia; e que o constante silêncio, sua ausência cheia de sentido, indica certa crise interior.

É preciso aprender a interpretar as expressões faciais das pessoas. Misteriosamente, nosso rosto e nossos olhos refletem nosso estado interior e armazenam uma enorme carga de informações, sentimentos e motivações. À medida que formos progredindo nesta aprendizagem emocional, poderemos interpretar cada vez melhor os sentimentos que se apoderam de alguém, e saberemos a melhor maneira tanto de nos comportar diante dela quanto de prever tais sentimentos. Esta última habilidade é especialmente importante, pois nos possibilita, por exemplo, saber — e com bastante precisão — quando uma pessoa está prestes a ficar com raiva; ou melhor: o que pode incomodá-la e o que pode alegrá-la ou tranquilizá-la.

Por outro lado, pessoas que desenvolvem pouco essa capacidade de captar e transmitir emoções costumam ter problemas, pois facilmente causam incômodo nos outros. O mais doloroso para essas pessoas é que não conseguem entender por que os outros estão chateados com elas — e não o conseguem pois são incapazes de reconhecer os sentimentos alheios.

Saber ajustar o tom emocional de uma conversa é uma habilidade imensamente importante nas relações humanas e que revela um controle inteligente e profundo da própria vida emocional. Alguns a têm em alto grau, e de maneira inata — do mesmo modo como outros nascem com mais tino para praticar certos esportes, ou com talento rítmico e musical, para se apresentar em público... —, mas ainda assim essas são habilidades que qualquer pessoa pode desenvolver aos poucos, com esforço, tempo e dedicação.

RECONHECER OS SENTIMENTOS ALHEIOS

As pessoas com mais tino para as relações humanas são aqueles que observam os sentimentos dos outros e sabem reconhecê-los, prevê-los e estimulá-los positivamente.

Talento social

É hora do recreio no jardim de infância. Um grupo de crianças corre pelo pátio.

Várias tropeçam e uma delas machuca o joelho, começando a chorar. Todas as outras continuam com suas brincadeiras, sem prestar atenção na que se machucou, exceto Roger. Roger para ao lado do menino caído, olha para ele, espera que se acalme um pouco, se abaixa, passa a mão no próprio joelho e, em tom simpático e conciliador, diz: "Eita! Eu também já me machuquei".

Essa cena é observada, numa escola americana, por uma equipe de investigação liderada por Thomas Hatch e Howard Gardner.

Aparentemente, Roger tem uma capacidade extraordinária de identificar os sentimentos de seus colegas de jardim de infância e estabelecer um contato rápido e amigável com eles. Foi o único que percebeu o sofrimento de seu colega, e foi também o único que tentou consolá-lo, mesmo que só pudesse oferecer-lhe sua própria dor: um gesto que denota uma habilidade especial para as relações humanas e que, no caso de uma pré-escola, prenuncia a presença de um conjunto promissor de talentos que irão florescer ao longo da vida.

No fim de seu estudo sobre o comportamento das crianças na escola, aqueles pesquisadores propuseram uma classificação das habilidades que refletem o talento social de cada indivíduo:

• capacidade de liderança, ou seja, de mobilizar e coordenar as ações de um grupo de pessoas. Trata-se de uma capacidade que já se nota no ambiente escolar, quando surge um menino ou uma menina — sempre há uma criança assim — que, durante o recreio, toma a frente e decide qual será a brincadeira do grupo e rapidamente acaba sendo reconhecido por todos como o líder;

• capacidade de negociar soluções, ou seja, de mediar situações a fim de evitar o surgimento de conflitos ou de solucionar os já existentes. São os meninos — há sempre um deles também — que tendem a resolver as pequenas disputas que acontecem no recreio;

• capacidade de estabelecer conexões pessoais, ou seja, de dominar a sutil arte das relações humanas, que requerem amizade, amor e trabalho em equipe. Trata-se da capacidade que acabamos de apontar em Roger: uma criança que sabe lidar bem com todos, que sabe reconhecer o estado emocional dos outros e, por isso, costuma ser bastante querida por seus pares;

• capacidade de análise social, ou seja, de detectar e intuir os sentimentos, as razões e os interesses das pessoas. Crianças assim desde muito cedo se ambientam onde quer que estejam e, com isso, compreendem o funcionamento dos colegas e dos professores, demonstrando uma intuição notável.

RECONHECER OS SENTIMENTOS ALHEIOS

O conjunto dessas habilidades — que, insistimos, podem ser tanto inatas como adquiridas — constitui a matéria-prima da inteligência interpessoal e é o ingrediente fundamental da simpatia, do carisma pessoal e do sucesso social. Como apontou Daniel Goleman, essas pessoas socialmente inteligentes sabem como controlar a expressão de suas emoções, sendo capazes de se conectar mais facilmente com os outros e de captar imediatamente suas reações e sentimentos; graças a isso, podem redirecionar ou resolver os conflitos que sempre aparecem em qualquer interação humana. Muitos são, também, líderes natos, que sabem expressar sentimentos coletivos latentes e orientar um grupo, levando-o a alcançar um objetivo comum. São, em todo caso, o tipo de pessoa com quem é agradável estar por perto, aquele que sempre traz contribuições e transmite bom humor e confiança.

Não obstante, sempre haverá pessoas que, mesmo com grande sucesso social e grande popularidade, continuam insatisfeitas por dentro, não?

Sem dúvida, pois as habilidades sociais não devem ser um fim em si mesmas, mas um meio para fazer o bem a si e aos outros. Se uma pessoa busca esse sucesso em suas relações humanas quebrando valores morais ou traindo seus princípios, pode ser especialista em causar boa impressão (e, na expressão de Mark Snyder, será um verdadeiro camaleão social), mas terá fracassado em sua vida pessoal.

Algumas pessoas caem neste erro por um desejo excessivo — às vezes patológico — de serem amadas e apreciadas por todos. Esse desejo as faz fingir continuamente ser o que não são; e, na corrida doentia para conquistar o afeto alheio, acabam caindo numa espécie de mercantilismo emocional. São pessoas que podem ter uma imagem excelente, mas cujos relacionamentos pessoais se revelam instáveis e pouco satisfatórios.

Aprender a se portar

Existem pessoas cuja falta de desenvoltura nas relações humanas decorre simplesmente de terem recebido pouca educação em tudo o que se relaciona com as normas de comportamento social. Ao perceberem essas deficiências, podem se sentir invadidas pelo medo, não pequeno, de não saberem se guiar com facilidade ou de cometerem erros, mesmo que pareçam absurdamente ridículos.

Mas será que essas pessoas não têm, por natureza, menos sensibilidade para absorver as regras da boa convivência, ainda que alguém tenha tentado ensiná-las?

Muitas vezes, as duas coisas acontecem. E ambas se potencializam mutuamente. A ausência inata de habilidades sociais costuma gerar certa ansiedade em quem a sofre e percebe sua própria falta de jeito, o que dificulta a capacidade de aprendizagem. De qualquer forma, a única solução acessível consiste em se esforçar para cultivar os elementos básicos de uma vida cotidiana proveitosa e boa, aprendendo, por exemplo, a:

• iniciar e manter uma conversa casual com desenvoltura, para não ser como aqueles que se despedem sob qualquer pretexto, pois mal conversam e não sabem mais o que dizer;

RECONHECER OS SENTIMENTOS ALHEIOS

• mostrar interesse pelo que os outros dizem e falar sem desviar o olhar;
• saber dizer *não* e ter coragem para terminar uma conversa ou telefonema que se estendeu demais;
• perceber que o interlocutor está sinalizando discretamente que deseja mudar de assunto e encerrar a conversa ou visita;
• não invadir o espaço pessoal dos outros (não se aproximar fisicamente demais ao falar; não entrar em temas ou lugares que exijam demasiada cautela e deferência; evitar perguntas irritantes ou inoportunas etc.);
• não usar tom paternalista, repreensivo, hostil ou que denote superioridade (todos eles causam desconforto no interlocutor, acompanhado de uma postura defensiva);
• pedir perdão quando necessário; agradecer; ao pedir algo, dizer *por favor* (conduta mais importante do que pode parecer).

Trata-se de reconhecer as mensagens emocionais que os outros emitem e, também, de conhecer bem as que nós mesmos emitimos. As duas sensibilidades estão quase sempre intimamente relacionadas, e por isso são igualmente importantes. Às vezes, por exemplo, uma simples expressão facial inoportuna ou infeliz, um comentário, um tom de voz interpretado de forma negativa, podem fazer com que outras pessoas reajam de maneira diferente da que esperávamos; e, assim, nos sentiremos frustrados por esses efeitos. Por isso, é urgente aprendermos a nos portar diante de cada um, sabendo que cada indivíduo pode ter um jeito de ser muito distinto do nosso.

*Não basta tratar os outros
do modo como gostaríamos de ser tratados;
temos de tratá-los
do modo como gostaríamos que eles nos tratassem
caso estivéssemos no lugar deles.*

Um exemplo disso vem da idiossincrasia de cada país ou região, ou do estilo de cada meio social ou tipo de pessoa. Existem maneiras de dizer e de agir que num lugar podem ser bastante normais, mas que em outros são chocantes. Em alguns ambientes, por exemplo, é normal um trato mais próximo e confidente; em outros, o normal é manter certa distância e ir com calma. Do mesmo modo, o que em certos âmbitos pode ser sinal de sinceridade, em outros pode parecer agressivo ou provocador.

Também é preciso ter em mente que as pessoas em determinados ambientes ou lugares tendem a ser mais sensíveis, tratando-se umas às outras com muita delicadeza, usando de tom mais calmo e falando as coisas de forma menos direta. Se alguém de fora não agir assim, parecerá uma pessoa grosseira e arisca. Noutras circunstâncias, contudo, tal atitude seria estranha e poderia até ser interpretada como falta de confiança, ou mesmo de personalidade.

*É de vital importância
assumir a responsabilidade
de compreender como é
e como está a pessoa
que temos à nossa frente.*

RECONHECER OS SENTIMENTOS ALHEIOS

Necessidade de ser aceito

O medo de não ser aceito é um dos fatores que mais desestimulam a criança a se aproximar de um grupo de colegas que se dedicam a uma brincadeira. Essa é uma preocupação que produz certo grau de ansiedade, o que geralmente agrava a ausência de habilidades sociais da criança, aumentando o risco de que ela aja de modo desajeitado ao aproximar-se dos demais — no caso de que se atreva a isso — e tente se juntar aos colegas recorrendo a uma falsa naturalidade.

Esse é um momento crítico, no qual a falta de desenvoltura e de sociabilidade pode ficar evidente com toda a sua dureza. Como aponta Daniel Goleman, é elucidativo e ao mesmo tempo doloroso ver como uma criança circula em torno de um grupo de colegas que estão brincando e não permitem que ela participe. Além disso, crianças pequenas costumam ser terrivelmente sinceras nos juízos subjacentes a tais recusas.

A ansiedade sentida pela criança que foi ou teme ser rejeitada não é muito diferente da vivida pelo adolescente que, isolado no meio de uma conversa entre um grupo de amigos, não sabe como ou quando inserir-se no assunto; tampouco é diferente da de quem, estando em uma festa ou casa noturna, talvez padeça de uma profunda solidão, mesmo rodeado daqueles que parecem ser os seus amigos mais próximos. Também não difere da ansiedade do adulto que, durante um almoço ou uma reunião, não consegue se portar e conversar tranquilamente com ninguém.

Voltando ao nosso exemplo, se observarmos como age uma criança que sabe se controlar, veremos que o recém-chegado pode começar analisando o que está acontecendo antes de implementar qualquer estratégia de abordagem. Seu sucesso depende de sua capacidade de entender o contexto do grupo e saber o que será aceito e o que será inadequado.

Um erro muito comum das crianças mais desajeitadas — e também dos adultos — se dá quando tentam ocupar o centro das atenções cedo demais: elas opinam de maneira precipitada e, assim, podem acabar mostrando sua própria desarmonia interior antes mesmo de serem aceitas pelo grupo; por conseguinte, serão rejeitadas ou ignoradas.

Em outros casos, o problema está em que ficam com raiva quando perdem, em que se gabam, em que humilham os outros quando ganham... Naturalmente, isso resulta em rejeição por parte dos demais.

As crianças mais habilidosas, por outro lado, primeiro observam o grupo, com o intuito de entender o que está acontecendo; só depois fazem algo para viabilizar sua aceitação, esperando que ela se confirme sem que elas precisem opinar ou propor algum plano. Se quiserem expressar suas ideias ou preferências, tentam fazer com que os outros expressem as deles primeiro: assim, ao testar e levar em consideração os desejos dos demais, fica mais fácil não perder a conexão com eles.

Essas pessoas tentam se comportar de maneira amigável e agradável; sabem encontrar soluções alternativas em momentos de conflito (em vez de

RECONHECER OS SENTIMENTOS ALHEIOS

lutar ou se isolar); esforçam-se para ser abertas e comunicativas; ouvem e observam os outros a fim de descobrir como se sentem; sabem dizer algo positivo ao verem que o próximo fez algo bom; oferecem com ternura a sua colaboração, e assim por diante.

Por outro lado, quem tem menos discernimento emocional não sabe como agir para ser considerado uma companhia agradável, nem o que fazer para que os outros se sintam à vontade. E a criança que falha nas relações sociais — na sala de aula ou em outros ambientes — sofre de um modo que para muitos adultos é difícil compreender (ou recordar).

Contudo, a principal questão não é o sofrimento infantil (ou, pelo menos, não somente ele), mas o risco de que essa frustração reduza seriamente as possibilidades futuras no que concerne às relações humanas, afetando assim, negativamente, o desenvolvimento do estilo sentimental da criança. É nesse caldeirão de amizades da infância, nessa agitação de jogos e brincadeiras, que as primeiras habilidades emocionais são forjadas, as quais irão definir o próprio estilo emocional.

Tudo o que a educação possa fazer
para fomentar o talento social das crianças
será de indiscutível importância
para seu futuro.

Como afirma o psicanalista Harry Stack Sullivan, o primeiro contato com os melhores amigos do mesmo sexo é o que mais ensina as crianças a navegar com facilidade pelo mundo das relações humanas, a resolver as divergências e a compartilhar sentimentos mais profundos. As crianças que são ou que se sentem rejeitadas têm muito menos oportunidades de fazer amigos durante os anos escolares, perdendo uma oportunidade crucial para o seu desenvolvimento emocional. Nesse sentido, ter amigos — mesmo que, no início, se trate de apenas um, e mesmo que essa amizade não seja muito sólida — pode ser um divisor de águas na educação sentimental das crianças e mais um motivo para os pais proporcionarem aos filhos a possibilidade de fazer boas amizades em ambientes adequados.

RECONHECER OS SENTIMENTOS ALHEIOS

Para meditar, para pôr em prática e para não esquecer

É preciso aprender a observar
os sentimentos alheios
para saber identificá-los, prevê-los
e influenciá-los positivamente.

A capacidade de reconhecer
os sentimentos dos outros
torna as pessoas mais sociáveis,
mais amistosas e mais estáveis emocionalmente.

Para meditar

Buscando o bem dos nossos semelhantes, encontramos o nosso.
Platão

Para o coração humano não há nada que seja pequeno.
Labouïsse-Rochefort

Para assistir

O sexto sentido, M. Night Shyamalan.
Vivos, Frank Marshall.
Cortina de fumaça, Wayne Wang.

Para ler

O amor inteligente, Enrique Rojas.
A educação sentimental, Julián Marías.
Una vida robada a la muerte, Aquilino Polaino.

Para conversar

Discutir, durante uma tertúlia familiar, de que modo se pode aprender a interpretar os sentimentos expressos na face das pessoas, a fim de conhecê-las melhor e conseguir uma boa interação com elas.

Propor uma conversa sobre como a educação dos sentimentos é importante para que cada um consiga desenvolver e pôr em prática os seus próprios talentos.

Para pôr em prática

Luís e Sônia têm quatro filhos — dois meninos e duas meninas — de idades razoavelmente próximas, entre doze e dezesseis anos, exceto o último, que tem apenas sete anos. O casal se sente muito agraciado, pois as coisas estão indo bem na educação de seus filhos, mas não deixa de ter preocupações constantes quando, pensando no futuro, veem o que tem acontecido com os filhos de muitos dos seus conhecidos.

"Vejo que estamos bem", disse Sônia ao marido, "mas eles estão, ou logo estarão, nessa idade complicada, e as coisas podem piorar se formos descuidados. Por exemplo: noto que eles tendem a ser um pouco individualistas, que deveriam ser mais generosos, pensar mais nos outros; e, às vezes, eles têm uns descuidos espantosos: parece que não sofrem com o sofrimento dos outros."

OBJETIVO
Ser mais generoso e aprender a colocar a própria vida a serviço dos demais.

RECONHECER OS SENTIMENTOS ALHEIOS

MEIOS
Aprender a reconhecer os sentimentos alheios.

MOTIVAÇÃO
Promover um ambiente familiar em que todos estejam cuidando dos demais: se cada um ficar "na sua", estará atento apenas a si mesmo; mas, se todos se voltarem aos demais, estarão zelando mutuamente uns pelos outros.

HISTÓRIA
No sábado, o casal planejava levar toda a família para a casa dos pais de Sônia, que moram numa cidade próxima. Seria uma boa ocasião para falar sobre essas questões. Embora viessem a ficar um pouco apertados dentro do carro, essa poderia ser uma vantagem para falar com calma sobre o assunto: seria difícil que se distraíssem com outras coisas.

Assim fizeram. E tentaram aprofundar mais o tema. Antes de sair, tomaram um café da manhã especial, o que foi muito apreciado por todos. De imediato, já no carro, levantaram a ideia. O objetivo era aperfeiçoar o cuidado que cada um tinha para com os outros não só no seio familiar, mas também fora dele. Foram solicitadas ideias, e logo cada um começou a tomar a palavra e sugerir melhorias, conforme iam pensando.

RESULTADO
Efetivamente, muitas propostas surgiram; e, à noite, quando o casal fez o balanço do dia, como

era seu costume antes de dormir, ficou surpreso: "A verdade", disse Luis, "é que nós dois, sozinhos, nunca teríamos sequer um terço das ideias que surgiram". Naquele momento, era tudo uma questão de colocá-las em prática.

A primeira coisa em que pensaram foi: para saber aquilo de que os outros precisam, primeiro é preciso ouvi-los com interesse. Eles então decidiram se lembrar constantemente disso, caso notassem que esse ponto estivesse sendo negligenciado.

A irmã mais velha, Cristina, propôs, também, que todos fossem mais sensíveis às tantas pessoas que sofrem mundo afora. Eles concordaram com que, para que tudo não ficasse apenas no plano teórico ou sem muito comprometimento, seria melhor irem visitar alguém necessitado toda semana: às vezes um familiar doente; noutras ocasiões, um vizinho muito idoso que nunca recebia visitas; ou ainda um asilo perto de casa etc.

Também se propuseram a ajudar uns aos outros a perceberem como os demais se sentem em relação às atitudes alheias. Por exemplo: prestando mais atenção ao que cada pessoa gosta ou não gosta; procurando fazer companhia a quem se sinta sozinho; trazendo à tona temas de conversa que interessem aos demais; antes de ligar o aparelho de som ou a televisão, perguntando para se certificar de que não se está incomodando os outros etc. O resultado de todas essas atitudes foi muito positivo, pois fez com que cada qual conhecesse melhor os demais, além de ter aflorado os bons sentimentos de todos.

TERCEIRA PARTE
A POSSIBILIDADE DE MUDANÇA

*Não há nada mais poderoso
que uma ideia que chegou à realização.*
Victor Hugo

CAPÍTULO 5
MODELAR NOSSO ESTILO SENTIMENTAL

O estado emocional

Como destacou José Antonio Marina, nossa relação com tudo o que nos cerca é sempre afetiva. Nossos sentimentos nunca permanecem totalmente neutros. Sempre temos determinado estado de espírito, determinada disposição afetiva. Nós nos encontramos numa espécie de encruzilhada permanente, entre muitos caminhos mentais: trata-se de verdadeiro labirinto, em que se entrelaçam ideias, sentimentos, desejos e ações. Tudo exerce influência sobre tudo, numa rede emaranhada de causas em que é bem fácil perder-se, e de tal modo que, muitas vezes, os problemas de ordem emocional se assemelham a becos sem saída.

Os sentimentos sempre nos acompanham: são eles que nos temperam e destemperam. Na origem de nossas ações, lá estão eles em forma de desejos, ilusões, esperanças, medos; e permanecem conosco gerando prazer, repulsa, diversão, aborrecimento. Surgem, também, depois de agirmos, quando tristeza, satisfação, ânimo, remorso ou angústia nos invadem. Os sentimentos são como um reduto de nós mesmos que nem sempre controlamos ou conhecemos com clareza, mas que acompanha todo o nosso viver e agir.

Toda circunstância de caráter vital está ligada a um estado emocional, que é como o resultado geral de nossa percepção em relação a nós mesmos. O estado emocional assemelha-se ao breve resumo de uma situação que é complexa e gera muitos fatores; trata-se de uma espécie de equilíbrio que temos de fazer continuamente, pois a cada instante novos dados são fornecidos, novos itens para essa contabilidade afetiva que constantemente consultamos.

O curioso é que a contabilidade de muita gente vai da prosperidade à ruína, e vice-versa, em pouquíssimo tempo. Isso não é surpreendente?

É, sim. Todos nós sabemos, por experiência, como nossos sentimentos podem mudar rapidamente. Em poucos minutos podemos passar da insegurança à tranquilidade, da tranquilidade à surpresa, da surpresa à fúria, da fúria ao arrependimento, do arrependimento ao anseio de sermos perdoados...

Creio que essa variação dependa muito de cada pessoa.

Há pessoas que, por natureza, são mais instáveis ou sensíveis, pessoas cujos estados emocionais se alteram diante de um mínimo sopro; outras, por sua vez, não se abalam nem mesmo por um vendaval.

Além disso, no mundo afetivo, a exemplo do que acontece no mundo da saúde, uma pequena dor, mesmo que bem pontual, pode ter grande influência sobre todo o conjunto do nosso estado emocional. Do mesmo modo, por exemplo, como uma dor de dente não afeta apenas os dentes, mas deixa toda a pessoa abatida, existem fatores emocionais que parecem pequenos, e talvez sejam, mas nos afetam bastante. Portanto, educar essas reações afetivas é importante para realmente tomarmos as rédeas das nossas vidas:

> *Podemos educar*
> *os nossos sentimentos*
> *livremente*
> *e com inteligência.*

Desconfiança e apreço em relação aos sentimentos

Em toda parte, encontramos juízos contraditórios da afetividade. Desconfiamos e ao mesmo tempo apreciamos o sentimento. Percebemos que, se as emoções se apoderam de nós, elas também nos traem; ao mesmo tempo, percebemos que sermos pessoas sem sentimentos está longe de ser uma solução.

Desde os primórdios da história do pensamento, platônicos, estoicos, cínicos, epicuristas e muitas outras dessas primeiras escolas filosóficas se preocuparam com as paixões, com os desejos, com os sentimentos, sem saber exatamente o que fazer com todos eles: erradicá-los, educá-los, esquecê-los, acalmá-los, lançar-se em seus braços...

Nossas experiências afetivas costumam ser complexas ou confusas, e isso nos deixa inquietos e desorientados, principalmente quando não sabemos explicá-las.

Mas as coisas não se resolvem quando simplesmente lhes damos uma explicação.

Elas não são corrigidas automaticamente; todavia, com uma boa explicação do que está acontecendo conosco, podemos ir longe. Mergulhar em nossos sentimentos, distinguir um do outro e poder, assim, dar a eles os seus verdadeiros nomes faz com que possamos relacionar a nossa experiência pessoal com todo o grande conhecimento que já se acumulou em torno dessas realidades.

Trata-se de algo parecido com o que acontece na medicina: analisando certos sintomas, conseguimos identificar a doença, e a partir daí as coisas ficam muito mais fáceis — não porque a doença deixe de existir ao ser diagnosticada, mas porque o diagnóstico nos permite antecipar algumas coisas e dar por certo outras, o que geralmente representa um grande progresso.

Retrocedendo um pouco na história, vemos que, durante milênios, a humanidade desconfiou dos desejos e sentimentos. No *Tao Te Ching* de Lao-Tsé, pode-se ler: "Não há culpa maior do que ser indulgente com os desejos".

Para a ética grega, por sua vez, a proliferação de desejos era definitivamente negativa. O apreço daqueles homens pela liberdade os tornava cautelosos com todo tipo de escravidão, inclusive a afetiva; por isso, muitos exaltavam a ataraxia (a total ausência de perturbações) e outros, até mesmo a *apatheia* (apatia, isto é: a falta de sentimento), pois, como os desejos podem causar decepção, seria melhor mesmo prescindir deles.

Em nossa época, o modo de vida ocidental conduz a um forte estímulo do desejo. Esta é uma tendência impulsionada em grande parte pela pressão comercial que visa a estimular o consumo e também pela velocidade das inovações tecnológicas, bem como pelo próprio desenvolvimento econômico.

Noutras palavras, não temos meio-termo: da antiga abominação do desejo passamos a uma exaltação que pode nos levar à ansiedade.

De certa forma, sim. E o mal disso está em que, em algumas pessoas, essa busca pela satisfação do desejo é tão urgente que elas acabam se esquecendo daquilo que já comentamos: da capacidade de adiar a satisfação, atitude fundamental para um comportamento livre e um desenvolvimento afetivo inteligente.

Talvez seja por isso que Aristóteles insistiu em que a *paideia*, isto é, a educação, era antes de tudo a educação do desejo e Chesterton, com a lucidez que lhe era habitual, em que o interior do homem é cheio de vozes — lembranças, sentimentos, paixões, ideais, caprichos, loucuras, manias, temores misteriosos e esperanças obscuras — como uma selva, de modo que a educação correta, isto é, o governo correto da própria vida, consiste em chegar à conclusão de que algumas dessas vozes têm autoridade e outras, não. Mais uma vez estamos diante de um problema de discernimento e equilíbrio.

Confiar no poder da educação

Quando, em determinado momento, um sentimento domina a vida afetiva de alguém e o impele com grande força a agir de certa maneira, esse sentimento se torna uma paixão. Por isso, quando os sentimentos amorosos são muito intensos e dominam o indivíduo, o termo mais adequado para descrevê-lo é paixão amorosa. O mesmo acontece com a inveja, o ódio, a desesperança ou a agressividade: podem ser um sentimento ou uma paixão, a depender da intensidade e do efeito que despertem na pessoa.

Por um lado, os desejos se situam antes e depois dos sentimentos. Eles fazem nascer sentimentos, mas também podem se originar deles. Exemplo: um desejo frustrado pode provocar um sentimento de raiva, que por sua vez pode gerar um desejo de vingança.

Por outro lado, os desejos são nutridos com a energia dos sentimentos que os acompanham. Ter desejos não é a mesma coisa que ter projetos, pois posso sentir desejos por coisas que jamais planejarei realizar. Todo projeto costuma ser consequência de um desejo, mas nem todos os desejos se concretizam em projetos. É até difícil, às vezes, saber quais são os desejos por trás de determinado projeto pessoal, assim como é também difícil saber por que gostamos do que gostamos, ou por que não gostamos do que não gostamos.

Há uma distância considerável entre o sentimento e a conduta. Por exemplo: posso sentir medo e, ainda assim, agir com coragem; ou sentir ódio e perdoar; ou ficar agitado por dentro e agir com calma.

Nesse espaço
entre sentimentos
e ação
está a liberdade individual.

MODELAR NOSSO ESTILO SENTIMENTAL

Mas essa decisão é, em parte, tomada no momento concreto; e, em parte, antes, porque depende de como somos, do nosso caráter.

Uma decisão é tomada em parte no momento concreto e em parte ao longo de todo esse processo anterior de educação e autoeducação. Vai-se criando, ao longo da vida, um modo de sentir: um estilo sentimental; e, também, um modo de agir: um estilo de ação.

Uma pessoa medrosa, por exemplo, sente medo porque se acostumou a reagir cedendo ao medo que certos estímulos lhe geram espontaneamente, e isso acabou por criar nela um hábito mais ou menos permanente. Esse hábito a leva a ter um estilo medroso de reagir afetivamente a essas situações, até que acaba por se tornar um traço de seu caráter.

Da mesma forma com a compaixão, a dureza de coração, a segurança ou insegurança, a postura otimista ou pessimista, a curiosidade inquieta ou a indolência, a agressividade ou tolerância: também são estilos sentimentais que vão se formando à medida que se vive.

Os modos de sentir e agir estão intimamente relacionados, pois sempre há sentimentos e desejos que precedem, acompanham e sucedem cada ação. Há pessoas que são incapazes de dominar um desejo; mas há outras que são incapazes de desejar qualquer coisa. É necessário encontrar um equilíbrio, pois ambos os extremos geram estados sentimentais e comportamentos assaz problemáticos.

Como esse equilíbrio pode ser alcançado?

Trabalhando a partir do que somos *agora*. Não

podemos mudar nossa herança genética, tampouco a educação que recebemos até hoje.

*Porém, podemos pensar
no presente e no futuro
depositando larga confiança
na capacidade
de transformação do homem
por meio da educação.*

A *atrofia afetiva*

Como observou Dietrich von Hildebrand, existem diversos tipos de pessoas nas quais a afetividade ou é exígua, ou é frustrada.

Existem aqueles que parecem incapazes de se livrar de sua postura intelectualista diante de tudo o que veem. Seu espírito observador os domina a tal ponto que para eles tudo se torna, imediatamente, um simples objeto de interesse para seu conhecimento — tendo-os, em geral, como meros espectadores, sem sentir-se envolvidos pelo objeto. Por exemplo: diante de um homem que está sofrendo, em vez de sentirem compaixão ou tentarem ajudá-lo, prestam mais atenção em sua expressão ou comportamento, por simples curiosidade, com pouco ou nenhum comprometimento. São dominados pela atitude de observação, como se cada acontecimento que contemplassem fosse apenas uma nova e interessante ocasião para aprender mais.

Obviamente, à medida que esta atitude se instala na vida de alguém, o seu coração fica cada vez mais reduzido ao silêncio, incapacitado de compreender que muitas daquelas situações deveriam gerar uma resposta afetiva (e, às vezes, também uma intervenção ativa). Em seu afã patologicamente intelectualista, a pessoa não percebe que, ao prescindir do coração, acaba por adquirir um conhecimento pobre e enviesado da realidade.

Outro tipo de afetividade mutilada é a do homem excessivamente pragmático que, em sua atitude utilitária, considera que todas as experiências afetivas costumam ser supérfluas e constituem uma perda de tempo. Só o útil o atrai. Ele conhece apenas uma afetividade enérgica, como a ambição ou a ira, mas desdenha de tudo o que exija um pouco de sensibilidade, e qualquer manifestação de emotividade lhe parece puro sentimentalismo.

Um terceiro estilo de atrofia afetiva é aquele que se baseia numa atitude voluntarista. Esse encolhimento emocional pode dever-se a uma maneira ligeiramente kantiana de entender a moralidade, que olha com desconfiança para qualquer reação afetiva; ou, ainda, a uma abordagem semelhante ao ideal estoico da luta pela *apatheia*, que também exige um silenciamento da afetividade; ou, também, àquela atitude que, por medo de desordens emocionais, fecha o coração em vez de tentar educá-lo.

E a que se deve esse medo da afetividade?

Às experiências negativas do passado, à má interpretação de um ideal ético, ao excesso de precaução diante das razões do coração etc. Em geral, pode-se dizer que a solução não é blindar o coração nem ignorá-lo, pois sem o coração não se pode viver: a solução é conhecê-lo e educá-lo.

Além desses três tipos de atrofia afetiva (a que poderíamos chamar, respectivamente, hipertrofia intelectual, pragmatismo utilitarista e atitude voluntarista), existem alguns outros nos quais tal deficiência afetiva se revela de modo especialmente grave. Um exemplo é aquele estilo típico do homem passivo, que não consegue se apaixonar por nada, ou o do homem cruel, de coração duro, egoísta, quase incapaz de sentir verdadeira compaixão porque vive dominado pelo orgulho e por seus desejos pessoais: esse tipo de pessoa tem dificuldade de amar verdadeiramente; e, embora às vezes se mostre apaixonado e voltado ao amor, tende a sê-lo apenas de forma aparente. Pode-se dizer que, para ele, o verdadeiro amor é um mundo totalmente desconhecido, visto que requer a doação do próprio coração, enquanto o dele não pode ser dado a ninguém, pois está possuído por forças obscuras que o tiranizam.

E a que se deve essa dureza de coração?

A uma educação maculada por egoísmo ou indiferença; por falta de reflexão ou por uma forma rígida e simplória de pensar; ou, ainda, a uma mentalidade mais ou menos fanática, que faz o indivíduo avançar em direção a determinados objetivos sem se atentar à legitimidade dos meios que utiliza para isso.

Que relação há entre o fanatismo e a educação do coração?

O fanático considera a voz do coração como uma tentação à qual sempre se deve resistir. É semelhante ao que acontece com as pessoas ressentidas ou amarguradas, cujos corações foram silenciados e fechados por feridas que o rancor não permite cicatrizar.

Por outro lado, um coração expansivo demais pode enganar...

Está claro que um grande coração não é garantia de um nível moral elevado, pois são inúmeros os vícios e defeitos que podem coexistir com um coração expansivo (há, por exemplo, pessoas de grande coração que são alcoólatras, irascíveis, mentirosas ou desonestas).

*Mas, de modo geral, pode-se dizer
que a riqueza e a plenitude
de uma pessoa
dependem, em grande medida,
de sua capacidade afetiva...*

O traço mais propriamente humano consiste em ser uma pessoa de coração, mas sem deixar que ele nos tiranize, isto é, sem considerá-lo o guia supremo de nossas vidas e fazendo, em vez disso, com que a inteligência se encarregue de educá-lo: educá-lo para que ele nos faça apaixonados pelas grandes coisas, por ideais pelos quais valha a pena lutar. É verdade que as paixões geram dor e sofrimento, mas nem por isso elas devem ser algo negativo; ou por acaso é possível dar uma boa aula, executar um projeto relevante, amar verdadeiramente outra pessoa, com indiferença? Sem paixão teriam existido os grandes homens que fizeram nossa história, nossa literatura, nossa cultura repletas de luz e força? Educar bem nossas paixões nos torna mais humanos, mais livres, mais valiosos.

A sensação de indiferença

Entregar-se aos desejos e vontades costuma levar os homens a uma completa falta de interesse por tudo o que o cerca, o que acaba criando um sério problema para a sua vida emocional. *Imagino que o contrário também possa acontecer, sendo uma crise afetiva a causa dessa falta de interesse generalizada.*
Decerto, visto que cada um desses elementos exerce influência sobre o outro. Uma tendência ao pessimismo, por exemplo, ou uma sucessão de frustrações, pode gerar uma forte sensação de indiferença; também é capaz de produzir o contrário: quando não é devidamente tratada, essa falta de interesse pode descambar num sentimento de frustração, pessimismo ou abatimento.
Em torno dessa sensação de indiferença generalizada, não raro encontramos muitas atitudes e comportamentos equivocados: autoindulgência excessiva, pouca resistência à decepção, pouca consideração por si mesmo ou outras razões que levam a problemas afetivos mal resolvidos e provocam uma reação sentimental prejudicial a quem a sofre.
Uma pessoa muito condescendente consigo mesma, por exemplo, acabará sendo dominada por sua preguiça, por seu mau temperamento, por seu estômago ou por seja lá o que for, mas nunca conseguirá tomar as rédeas de sua vida.

MODELAR NOSSO ESTILO SENTIMENTAL

Um estilo de vida excessivamente permissivo e indulgente consigo mesmo talvez seja um dos meios mais eficazes de hipotecar a própria vida.

Quando uma pessoa age assim, logo percebe que as supostas satisfações produzidas pela permissividade e pela benevolência para consigo mesma são satisfações efêmeras e esvoaçantes, levando, paradoxalmente, a uma vida de maior sofrimento.

Sempre que essa pessoa, contrariando aquilo que sabe que deve fazer, cede um pouco mais às reivindicações que sua preguiça, seu estômago ou seu difícil temperamento lhe apresentam, ela se sente cada vez mais fraca, menos senhora de si, e adquire certa aversão a si mesma, de modo que, na primeira oportunidade que tem, busca descontar tal aversão nos outros.

E como essa fraqueza, caso não seja remediada, é uma fraqueza que se alimenta de si própria e tende a crescer cada dia mais, as perspectivas de futuro para quem vive assim são realmente sombrias. Todo o horizonte da sua vida será como uma desilusão contínua, que aumenta toda vez que ela se dá conta de que está à mercê da própria fraqueza.

Assim dizia à filha a protagonista do romance de Susanna Tamaro: "Sempre que, à medida que for crescendo, quiser transformar as coisas erradas em certas, lembre-se de que a primeira revolução a ser feita é dentro de cada um de nós — a primeira e mais importante. Lutar por uma ideia sem ter uma ideia de si mesma é uma das coisas mais perigosas que se pode fazer".

"Só mais um pouquinho!"

Muitas pessoas sucumbem facilmente ao desejo de descansar *só mais um pouquinho*. Custa-lhes demais levantar da cama ou da cadeira, deixar de assistir televisão para começar a estudar, iniciar uma conversa ou encerrá-la, o que quer que seja: tudo é muito difícil para elas; por isso, sofrem bastante com qualquer detalhe que exija alguma superação, mesmo que este detalhe seja mínimo.

Muitos outros exemplos poderiam ser dados, como o tímido que deixa de falar mesmo sabendo que deveria fazê-lo; ou aquele que mantém condutas individualistas ou sem nenhuma solidariedade apesar de perceber que as pequenas vantagens que seu egoísmo lhe granjeia o deixam amargurado e o isolam dos demais etc.

É preciso falar honestamente consigo mesmo. Se, toda vez que estamos diante de algumas dessas pequenas situações que exigem superação, travamos uma longa e tempestuosa batalha dentro de nós, é sinal de que talvez a autocomplacência ocupe espaço demais em nossas vidas e não sejamos tão senhores de nós mesmos quanto deveríamos.

Não duvido, mas mudar essa situação costuma ser uma tarefa ingrata, às vezes inalcançável.

Depende de como se aborda a questão. Colocar as coisas diante de si, para que possam ser vistas sob uma perspectiva definida, é um meio de superar essa debilidade sem que isso seja uma tarefa ingrata, mas uma feliz libertação. Trata-se de se livrar de um jugo que nos escraviza e de alcançar uma existência muito mais tranquila, serena e satisfatória. Será, por fim, como uma grande descoberta em que se verifica, com espanto, que as antigas satisfações da preguiça não passavam de seduções que quase nada satisfaziam...

*...e que, ao contrário,
a verdadeira satisfação
é inseparável
de sermos pessoas diligentes.*

Ao buscarmos o aperfeiçoamento pessoal, é necessário adotar uma atitude positiva. Se uma pessoa consegue articular uma ideia aprazível das virtudes que deseja adquirir e tenta manter essa ideia em sua mente, é muito mais provável que venha a tomar posse dessas virtudes; e fará, ainda, com que esse caminho em direção às virtudes seja menos doloroso e mais satisfatório. Entretanto, se essa pessoa pensa constantemente no quão aprazível é o vício que deseja evitar (tentação pobre e rasteira, mas que sempre existe e cuja força não deve ser subestimada), é bastante provável que o inegável encanto que há no erro dificulte sua superação.

Por isso, mergulhar na beleza que há no bem, no seu caráter aprazível, representá-lo dentro de nós como algo atrativo, alegre e motivador, é mais importante do que parece. Muitas vezes, os processos de aperfeiçoamento pessoal fracassam simplesmente porque a imagem daquilo que se pretende alcançar não é suficientemente sugestiva ou desejável.

Talvez possamos, por exemplo, contemplar a vida de alguém que alcançou a coragem necessária para levantar-se da cama sem drama todas as manhãs e, em contraposição, a vida daquele outro que trava uma luta terrível contra os lençóis diariamente, dia após dia, semana após semana, ano após ano, até o fim de sua vida: observando a soma dos sofrimentos matinais pelos quais este último passa, iremos nos deparar com uma perspectiva nada desejável para nosso futuro.

*A espiral
de autocomplacência
conduz a um
poço muito fundo
de seduções amargas.*

Moldar nosso próprio estilo sentimental

O ser humano sempre procurou agir de acordo com seu estado de espírito. Desde a infância observamos que alguns sentimentos nos fazem cair em infelicidade, e então passamos a querer nos livrar deles. Com esse intuito experimentamos algumas técnicas simples, válidas para os casos mais corriqueiros: se estou irritado por causa do cansaço, basta descansar para ver as coisas de uma maneira diferente; se estou entediado, procuro companhia e diversão; se sinto medo, tento considerar que não há grave perigo que o motive, dou risada disso ou, ainda, me distraio com outra coisa para ver se o medo desaparece.

Todavia, sabemos que tais estratégias têm sérias limitações diante de estados emocionais mais complexos, principalmente quando se trata de sentimentos já bastante incorporados à nossa vida e que compõem o repertório do nosso estilo sentimental.

Às vezes, a solução será agir sobre as causas daquilo que nos afeta negativamente; noutras ocasiões, isso não será possível, e teremos de nos esforçar para mudar nossa reação emocional aos acontecimentos inevitáveis. Como diz um velho ditado, devemos ter coragem para mudar o que pode ser mudado, serenidade para aceitar o que não pode ser mudado e sabedoria para distinguir um do outro.

O problema é que, às vezes, há certas coisas que poderiam ser mudadas, mas somos nós que não queremos enfrentá-las de verdade.

Esses são fenômenos de um escapismo por meio do qual, de maneira mais ou menos consciente, evitamos ou ignoramos a realidade, procurando refúgio em outras coisas. Em seus graus mais elevados, é o que ocorre com o uso do álcool, dos estimulantes e das drogas, bem como com a procura por jogos de azar. São fugas que se destinam a melhorar o resultado do nosso balanço sentimental, mas sem mudar as rubricas (assim como agem os contadores suspeitos). Em vez de aceitar o que lhes acontece, essas pessoas tentam fugir, só que pelo caminho errado.

Não são as coisas que acontecem conosco
o que nos faz
felizes ou infelizes,
mas o modo
como as encaramos.

As estruturas sentimentais fazem parte da personalidade. Uma pessoa covarde ou pessimista muitas vezes não tem forças para enfrentar as diferentes situações que a vida lhe apresenta. Por outro lado, alguém determinado e otimista superará, com bom ânimo, as dificuldades que surgirem. Uma pessoa agressiva, por sua vez, pode, com sua falta de controle, arruinar tanto sua família como seu ambiente de trabalho.

Todo mundo prefere ter uma personalidade otimista e alegre; porém, não é fácil ser assim.

De fato, todos preferem a alegria à tristeza, a serenidade à angústia, a motivação à depressão, o amor ao ódio e a generosidade à inveja. O problema é que, quando chegamos à idade adulta, descobrimos que não somos o que queríamos ser e vemos que temos um estilo sentimental já bem estabelecido, que funciona como um núcleo duro dentro de nós, muito resistente a mudanças. Eis por que empreender o quanto antes a educação da personalidade — e, com ela, a educação dos sentimentos — é tão decisivo para uma vida feliz.

Isso ficou claro, mas como corrigir essas diferenças em tom afetivo e pessoal?

As pessoas tendem a buscar refúgio no que é menos custoso (o que nem sempre é ruim, mas muitas vezes é). É por isso que devemos tentar não nos fechar

MODELAR NOSSO ESTILO SENTIMENTAL

naquelas zonas de conforto que todos temos: solidão, retraimento, inibição, falta de autoridade, resistência em expressar o que pensamos ou sentimos etc. É necessário esforço para sair desses abrigos que nos são tão cômodos e, assim, moldar pouco a pouco o nosso próprio estilo sentimental. Naturalmente, esse esforço deve ser mantido por longos períodos, até que seja incorporado como traço da nossa personalidade.

É possível atingir um estado emocional em que quase não haja sentimentos desagradáveis?

Essa é uma pergunta interessante. Os sentimentos, na maioria das vezes, revelam significados reais, e por isso é muito perigoso tentar aniquilá-los sistematicamente.

Por exemplo, se nunca tivéssemos sentimentos de culpa ou vergonha, seríamos literalmente pessoas desavergonhadas, ou no mínimo atrevidas, já que todos fazemos coisas erradas (pelo menos de vez em quando). Se nunca sentíssemos medo, seríamos aventureiros extremamente perigosos. E, se nunca sentíssemos raiva, é possível que fôssemos desleixados e imprestáveis.

Em outras palavras, há muitos sentimentos desagradáveis que são positivos e necessários. Para moldarmos o estilo sentimental que virá a compor nosso caráter, nossa personalidade, precisamos saber o que deve ser mudado e como devemos mudá-lo.

Mas não pensemos
que se trata simplesmente
de eliminar sentimentos
desagradáveis.

Porque tal atitude também levaria à ruína pessoal. Educar os sentimentos é algo mais complexo do que isso.

Sentimentos que reforçam a liberdade

Desde a antiguidade, são considerados maus os sentimentos que reduzem ou anulam a liberdade. Foi essa a grande preocupação do período grego, do pensamento oriental e de muitas das grandes religiões antigas.

Em todas as grandes tradições sapienciais da humanidade encontramos alguma advertência sobre a importância de educar a liberdade do homem perante seus desejos e sentimentos. É como se todos tivessem experimentado, desde tempos remotos, que dentro do homem existem forças centrífugas e demandas antagônicas que às vezes entram em violento conflito.

Todas essas tradições falam do turbilhão das paixões; todas buscam a paz que há na conduta prudente, guiada por uma razão que prevalece sobre os desejos; todas apontam para a liberdade interior no homem, uma liberdade que não é um ponto de partida, mas uma conquista a ser alcançada. Cada homem deve adquirir o domínio de si, impondo a regra da razão. É esse o caminho para aquilo que Aristóteles chamou de virtude: a alegria e a felicidade virão como fruto de uma vida vivida de acordo com a virtude.

Aristóteles comparou o homem que se deixa levar pela paixão com aquele que está adormecido, louco ou ébrio, isto é, com estados que indicam fraqueza, que apontam para um não saber controlar as forças que se apoderam do indivíduo e que lhe são estranhas.

Há sentimentos
que reduzem
nossa liberdade
e sentimentos que a reforçam.

Pois, embora saibamos que o homem arrastado pelas próprias paixões pode executar ações excelentes, também sabemos que, imerso em tal estado, ele pode cometer toda sorte de atrocidades. Como bem apontou José Antonio Marina, há valores que intuímos espontaneamente, mas há outros que, para serem reconhecidos, precisamos pensar. Por exemplo, quem tem sede percebe de pronto o que há de aprazível e desejável na água: trata-se de um valor que, nela, pode ser *sentido*; em contrapartida, quem sofre de uma doença nos rins e, portanto, deve ingerir grande quantidade de água precisa se esforçar para isso — age, portanto, pensando num valor cuja utilidade talvez não sinta, por tratar-se de um valor *pensado*.

Isso se repete de diversas formas na vida cotidiana. Muitas vezes, coisas que antes percebíamos como valiosas mais tarde nos surgem como frias e pouco atraentes, como algo já despojado daquela vivacidade que despertava o nosso sentimento; no entanto, o valor permanece o mesmo: o sentimento, atrelado a ele, é que foi obscurecido.

Diante disso, notamos que o nosso desejo de buscar o bem impõe limites a outros desejos que sentimos; e, assim, entra em cena toda uma série de normas éticas que devem regular os desejos.

Noutras palavras, é como uma espécie de limitação autoimposta, uma restrição de alguns desejos em prol de outros, pertencentes, estes últimos, a uma ordem superior.

Decerto, muito embora os valores éticos geralmente não devam ser entendidos como uma limitação; pois, na maioria das vezes, serão justamente o contrário: os valores éticos constituirão um poderoso estímulo capaz de gerar ou impulsionar outros sentimentos — de generosidade, coragem, honestidade, perdão etc. — convenientes ou necessários naquele momento específico.

*A ética
não olha com desconfiança
para os sentimentos.*

Trata-se de construir nosso edifício sobre o firme fundamento das exigências da dignidade do homem, do respeito aos seus direitos e da harmonia intrínseca à própria natureza humana. Com isso, o melhor estilo afetivo, a melhor personalidade, será aquela que nos coloca numa órbita mais próxima dessa dignidade singular à qual o ser humano corresponde. Na medida em que a alcançamos, a felicidade se torna mais acessível para nós.

MODELAR NOSSO ESTILO SENTIMENTAL

Ser uma pessoa boa

"Aquele menino é realmente muito esperto", disse-me uma professora, referindo-se a um aluno de onze anos dotado de uma aparência simpática e vivaz.

"O problema", continuou ela, "é que não tem bom coração: gosta de distrair os outros, colocá-los em apuros e, depois, escapulir dali, saindo de mansinho, deixando-os sozinhos. Ele costuma ver apenas o lado dele, mas, por ser esperto, sabe como esconder isso. Porém, quem olha de perto percebe, com surpresa, que ele é extremamente egoísta".

"Ele tira notas muito boas, faz redações impressionantes e tem um talento notável para quase tudo. O problema é que parece gostar de humilhar os mais fracos ou menos inteligentes; é insensível ao sofrimento alheio. E não pense que digo isso por não gostar dele."

E continuou: "Ele é o mais brilhante da turma, mas não é uma boa pessoa. Sua mente me impressiona, mas seu coração me apavora."

Quando observamos casos como o desse menino, imediatamente entendemos que a educação deve dar uma atenção muito especial à educação moral, não podendo fixar-se tão somente em questões como o desenvolvimento intelectual, a força de vontade ou a estabilidade emocional — obviamente, nenhum destes três faltava ao nosso menino.

Uma boa educação
deve nos auxiliar a
gostar de fazer o bem
e não gostar de fazer o mal.

Dentro de nós existem sentimentos que nos impulsionam a fazer o bem e outros que, como insetos infecciosos, ameaçam nossa vida moral. É por isso que devemos tentar modelar os sentimentos para que eles nos ajudem, o máximo possível, a nos sentirmos bem com tudo aquilo que nos leva a construir uma vida pessoal harmoniosa, plena e bem-sucedida, bem como a nos sentirmos mal com tudo aquilo que nos propicia o contrário. Pois, como assinalou Ricardo Yepes, pode-se dizer que...

> ...*a ética é a ciência*
> *que nos ensina,*
> *além de outras coisas,*
> *a nos sentirmos melhor.*

Vista dessa maneira, a ética torna-se muito mais interessante do que pensávamos.

Mas, às vezes, fazer o bem não é nada agradável...

É verdade. Por isso, digo que devemos procurar educar os sentimentos para que eles nos ajudem ao máximo em nossa vida moral, pois os sentimentos nem sempre são um guia moral seguro.

Se uma pessoa sente-se mal ao mentir e sente satisfação ao ser honesta, isso sem dúvida a ajudará, pois a manterá longe desses erros — e às vezes com muito mais força do que qualquer outro argumento.

MODELAR NOSSO ESTILO SENTIMENTAL

*É importante educar
sabendo mostrar, vivamente,
quão aprazível é a virtude.*

Por outro lado, se a pessoa não lutar contra seus defeitos e se entregar sem qualquer resistência às exigências do desejo, chegará um momento em que até os seus valores e crenças mais claros serão obscurecidos, e a partir daí talvez ela nem sinta aversão às atrocidades que vier a cometer.

*Os sentimentos
não são um guia seguro
para a vida moral,
mas devemos nos esforçar
para que a favoreçam.*

Então, com uma ótima educação dos sentimentos, não seria tão difícil viver uma vida exemplar?
Sem dúvida exigiria menos esforço. Em todo caso, por melhor que seja a educação de alguém, fazer o bem muitas vezes implica uma superação — às vezes, uma grande superação. Mas essa pessoa bem sabe que, ao praticar uma boa ação, sempre sai ganhando. Por outro lado, escolher o mal sempre implica em autoengano. Cito novamente a protagonista do romance de Susanna Tamaro: "As falsidades e as mentiras não podem ser escondidas; ou melhor, podem ser escondidas por um tempo; mais tarde, porém, quando menos se espera, elas surgem de novo e não são mais tão dóceis quanto no início, quando

eram aparentemente inofensivas; e então pode-se ver que se tornaram monstros horríveis, dotados de uma avidez tremenda, e livrar-se delas já não é tarefa tão fácil".

Erros na educação sentimental muitas vezes geram mais erros na vida moral, e vice-versa. E isso acontece mesmo que os erros sejam sinceros e sem maldade.

*Erros sinceros,
ainda que cometidos sem maldade,
não deixam de ser erros
nem deixam de prejudicar
quem incorre neles.*

O sentimento inteligente

Da mesma forma como a inteligência humana consegue extrair do petróleo energia para fazer os aviões voarem e produzir luz elétrica a partir da água represada, a inteligência também pode e deve agir para tirar o melhor proveito da nossa vida sentimental.

Pensemos, por exemplo, no sentimento de medo que nos impele a agir como covardes e a trair nossos princípios. Diante desse estímulo podemos nos sentir tentados a desistir; contudo, por outro lado, queremos nos sobrepor ao medo e vencê-lo. Trata-se, portanto, de um estímulo de dois níveis, com uma dupla demanda, um duplo obstáculo: mais uma vez constatamos que certos valores nos tocam o coração e outros nos tocam a mente. Estes são valores que *pensamos*; aqueles, que *sentimos*.

Diante desse dilema, tomamos uma decisão; e, ao fazermos isso, entregamos o controle da nossa conduta a uma ou outra instância: à mente ou ao coração. É próprio do ser humano agir segundo os valores ditados pelo pensamento, embora em alguns casos esses valores estejam, inevitavelmente, em desacordo com os sentimentos.

Você fala em dar prioridade à mente em vez do coração, mas isso não leva a um modo de vida frio e cerebral, alheio aos sentimentos?

Não se trata de dividir o homem em duas metades: a mente e o coração. É preciso integrá-los, e o fato de a inteligência proteger a vida sentimental não significa que se deva aniquilá-la. Ao contrário, a inteligência, se é verdadeiramente inteligente — peço perdão pela redundância —, deve preocupar-se com a educação dos sentimentos, e não se dedicar a extingui-los sistematicamente. A inteligência deve estimular alguns sentimentos e conter outros, na medida em que sejam bons ou maus, adequados ou inadequados.

A indignação, por exemplo, pode ser adequada ou inadequada. Diante de uma situação de grave injustiça, o correto é sentirmos indignação; se não a sentimos, talvez seja por não percebermos a injustiça (e disso a ignorância pode ser a culpada) ou porque percebemos a injustiça, mas ela nos deixa indiferentes (por falta de sensibilidade, de compaixão ou de senso de justiça), ou ainda porque a injustiça nos alegra (nesse caso haveria, em nós, ódio ou inveja).

Sentir-se indignado com a injustiça é algo positivo. O que deixa de ser positivo é a indignação que nos leva à fúria, à raiva ou à perda do autocontrole.

Qual é, então, o papel da inteligência na educação dos sentimentos?

Devemos usar os afetos — volto, novamente, a José Antonio Marina — como usamos, por exemplo, as forças da natureza. Não podemos alterar as marés, nem o vento, nem a agitação das ondas, mas podemos usar sua força para navegar.

O vento, a maré, as ondas, as tempestades etc. são como as forças dos nossos sentimentos mais espontâneos: surgem sem que possamos fazer nada para evitá-los, pelo menos não naquele momento. Graças à inteligência, é possível fazer com que nossa vida tome determinado rumo afetivo, a fim de chegar ao porto de destino que buscamos. Para isso, é preciso recobrar essas forças inexoráveis que se encontram na origem da nossa dimensão afetiva, mas sabendo utilizá-las com inteligência. A condução dos sentimentos, pela inteligência e por meio da vontade, deve ser como o bom manejo do leme por parte do velejador em alto-mar.

Uma educação inteligente dos sentimentos e da vontade nos fará saber para onde queremos ir, nos revelará o melhor caminho e nos mostrará prever, ao máximo, as intempéries, administrando habilmente nossos próprios recursos com o intuito de enfrentar os ventos contrários e aproveitar os favoráveis.

CAPÍTULO 6
O TEMPERAMENTO NÃO É UM DESTINO INEVITÁVEL

Aprendizagem emocional

Qualquer pessoa — especialmente se for pai de uma família numerosa ou um profissional de educação infantil — é capaz de notar que algumas crianças nascem calmas e tranquilas enquanto outras são, desde pequenas, irritadiças e difíceis; e também que há, umas mais ativas e outras mais passivas, umas mais otimistas e outras nem tanto.

Cada pessoa nasce com uma bagagem sentimental, cuja influência de alguma forma se fará sempre presente ao longo de sua vida. A questão é se essa bagagem sentimental pode ser transformada. As reações habituais daquelas pessoas que desde a infância têm sido, por exemplo, extremamente instáveis, desesperadamente tímidas ou terrivelmente pessimistas podem ser transformadas?

Jerome Kagan, pesquisador da Universidade de Harvard que conduziu longos estudos sobre a timidez na infância, observou que existe uma porcentagem considerável de crianças que, desde o primeiro ano de vida, reagem com relutância a tudo o que não lhes seja familiar (experimentar um novo alimento, aproximar-se de pessoas ou lugares desconhecidos...)

e sentem-se paralisadas diante das mais variadas situações da vida social (durante a aula, durante o recreio, ou toda vez que percebem que estão sendo observadas).

Kagan verificou que, quando essas crianças se tornam adultas, tendem a ficar isoladas, experimentam um medo terrível caso precisem dizer algumas palavras em público, diante de um grupo de pessoas; e, em geral, sentem-se incomodadas quando expostas ao olhar dos outros.

Existe, também, uma porcentagem significativa de crianças que, desde muito cedo, apresentam forte inclinação à tristeza e ao mau humor; e, tendo tal inclinação à negatividade, deixam-se abalar muito facilmente pelos percalços que surgem, demonstrando-se, portanto, incapazes de dominar — nem mesmo um pouco — as suas preocupações e as mudanças do seu estado de espírito.

Por outro lado, há aqueles pequenos cujos sentimentos parecem se encaminhar, naturalmente, para o lado positivo das coisas, sendo naturalmente otimistas e despreocupados, sociáveis e alegres, além de profundamente autoconfiantes. Esses estilos sentimentais, que se revelam já na infância, tendem — estatisticamente falando — a se perpetuar na vida adulta.

No que diz respeito à capacidade transformadora de uma educação empreendida da maneira certa, a pesquisa de Jerome Kagan chegou a conclusões animadoras. Os exemplos acima elencados ilustram de que modo o temperamento inato nos predispõe a reagir a situações comuns da vida com um registro emocional positivo ou negativo. Mas isso não significa que esse substrato, vindo de nascença, seja uma espécie de destino inevitável ou uma sentença irrevogável. Pelo contrário: ele pode ser mudado, e muito. Contudo, convém começar o quanto antes.

> As lições emocionais
> que recebemos na infância
> exercem um impacto muito profundo,
> quer seja amplificando,
> quer seja silenciando
> determinada
> predisposição genética.

O risco da superproteção

Alguns pais creem que devem proteger um filho tímido de toda e qualquer preocupação possível, pois lhes parte o coração vê-lo sofrer. No entanto, essa superproteção parece alimentar os medos da criança a longo prazo, pois a impede de desenvolver a coragem. Jerome Kagan, que também estudou amplamente o assunto, descobriu que pais superprotetores não raro se tornam excessivamente indulgentes ou ambíguos ao exigir algo de seus filhos, privando-os da oportunidade de aprender a lidar com tudo o que é desconhecido ou complicado para eles.

Por outro lado, pais que procuram ser afetuosos e atenciosos — mas sem cometer o erro de evitar a todo custo que o filho se defronte com pequenos percalços — possibilitam que a criança aprenda a controlar melhor seus momentos de inquietação. Esses pais costumam demonstrar um claro senso de autoridade e disciplina, o que se faz necessário para uma educação adequada e, em particular, para fazer a criança superar o medo ou sua falta de aptidões.

> *Sobre a criança tímida*
> *os pais devem exercer*
> *uma leve pressão*
> *para torná-la mais sociável.*

Os pais precisam fazer com que ela fale mais, saia mais de casa, amplie seu círculo de amigos e trate com mais proximidade aqueles que já o são, compartilhando suas coisas etc. Caso contrário, com o passar dos anos, o problema pode se tornar crônico, e a criança provavelmente se tornará um adulto medroso, solitário, ranzinza, desconfiado etc.
E qual é a origem da timidez?
A timidez é uma complexa rede de sentimentos que costuma vir do medo do julgamento de quem nos observa. Pode-se dizer que é um estado de espírito motivado pela impressão de não estarmos agindo com a devida dignidade. O olhar alheio, transformado em ameaça, surge como força motriz de um sentimento de medo — medo de ser malvisto e malquisto. E, às vezes, tem-se tanto medo do olhar ou da presença alheios que se evita ao máximo expor-se a eles.

Em decorrência do temperamento, muitas crianças são envergonhadas e naturalmente propensas à timidez, mas logo aprendem a superar essa condição.

Em dado momento, quando finalmente quebram o gelo — o que envolve, por exemplo, falar na frente de vários colegas —, percebem que se saem bem, ou pelo menos que são suficientemente fluentes para falar em público. Essas experiências, mesmo que muito fugazes e pontuais, são também muito animadoras para a criança — bem como para o adolescente —, pois a fazem ver que há em si uma capacidade de superar sua vergonha natural e se tornar uma pessoa segura.

Deixo uma recomendação prática aos pais: mostrar ao filho que, para ele, a escola deve ser a primeira batalha que ele tem de enfrentar sozinho, sem os pais. Dadas as pequenas dificuldades que surgem no trato diário com colegas e professores, não convém intervir quando a criança pode resolver o problema por si mesma. Naturalmente, não se trata de afastar os pais, até porque eles devem estar atentos ao percurso escolar do filho e em contato com os professores, mas é recomendável que, desde o início, os pais encorajem a criança a enxergar a escola como o seu campo de ação, no qual os pais lhe oferecem ajuda e orientação, mas onde ela deve aprender a se virar sozinha.

Motivação para mudar

Em seus primeiros anos, a criança se move em meio a uma realidade que mal conhece. Pouco a pouco, vai definindo seu estilo afetivo próprio, quase sempre tendo como principal referência o ambiente familiar e escolar. Com o passar dos anos ocorrem mudanças graduais, quase imperceptíveis, e, às vezes, mudanças mais abruptas, geralmente causadas por emoções intensas, embora nem sempre mediante uma manifestação exteriormente perceptível.

*A maioria das mudanças ocorre
depois de percebermos, em nós mesmos
e sempre com alguma surpresa,
algo de que não gostamos.*

Essa descoberta produz em nós um impacto emocional mais ou menos forte, ao que procedemos a uma análise, uma reflexão e, por fim, à decisão de mudar.

Por isso, a maioria das deficiências afetivas provém do desconhecimento de si próprio, bem como das razões que levam a pessoa a ser o que é: quase todas as mudanças que nela possam se produzir são fruto do aperfeiçoamento da percepção que tem tanto de si quanto da realidade como um todo; e, para que isso ocorra, é preciso conservar sempre uma capacidade considerável de espanto, uma capacidade suficiente de autocrítica.

*Devemos cultivar
uma sensibilidade pessoal elevada
que nos permita captar
aquilo que, em nossa vida,
não pode passar despercebido.*

Essa percepção que cada pessoa tem de si mesma depende muito da que os demais têm dela. Daí a

O TEMPERAMENTO NÃO É UM DESTINO INEVITÁVEL

importância de nos sentirmos valorizados e amados por aqueles que nos cercam; é também por isso que grande parte dos transtornos afetivos tem sua origem numa comunicação deficiente com as pessoas mais próximas.

Para evitar esses problemas ou tentar corrigi-los, é necessário estabelecer boas relações interpessoais. Isso se aplica ao contato com família, amigos, vizinhos, colegas de trabalho, entre outros; e, no caso do ensino ou da educação em geral, é importante fazer com que o principal interessado — aquele que precisa mudar — colabore, em maior ou menor grau.

Mas o problema, em muitos casos, é que justamente aquele que precisa mudar não tem motivação para isso.

Certamente. Talvez por essa razão a tarefa de educar seja, em muitos casos, tão difícil e constitua um verdadeiro desafio, exigindo bastante engenhosidade e paciência: uma verdadeira arte. Para educar, sobretudo nas idades mais complicadas, os problemas de motivação talvez sejam os mais complexos. É por isso que fórmulas prontas, que prometem mudanças, aborrecem tanto quem sofre com esses problemas e está cansado de ouvir conselhos que insistem em banalizar a realidade.

Sair do círculo vicioso
da desmotivação
é um dos desafios
mais urgentes e difíceis
para qualquer educador.

Da reflexão à ação

"Aquele episódio", pensava a protagonista do romance de Susanna Tamaro, "reaparece, com frequência, em meus pensamentos, por ter sido o único em que tive a possibilidade de mudar as coisas.

"Ela [sua filha] começou a chorar e me abraçou: naquele momento uma fenda se abriu em sua armadura, uma mínima fenda pela qual eu poderia ter entrado; e, uma vez lá dentro, poderia ter agido como aqueles parafusos que se abrem assim que entram na parede: aos poucos vão se alargando, ganhando mais espaço. Do mesmo modo, eu teria conseguido entrar um pouco em sua privacidade e talvez me tornar um porto seguro em sua vida.

"Para fazer isso, eu deveria ter sido mais firme. Quando ela disse: 'É melhor você ir', eu deveria ter ficado. Deveria ter me recusado a simplesmente ir embora, deveria ter batido à porta dela todos os dias, insistindo até transformar aquela fenda em uma passagem aberta. Faltava muito pouco, eu podia sentir isso.

"Não foi o que fiz, contudo: por covardia, por preguiça e por um falso senso de modéstia. Nunca foi do meu feitio ser invasiva, queria ser diferente, respeitar rigorosamente a liberdade dela. Mas por trás da máscara da liberdade muitas vezes há preguiça, o puro desejo de não se envolver.

"Existe uma linha bastante tênue entre uma coisa e outra; passar ou não por isso é questão de segundos, de uma decisão cuja importância às vezes você só percebe quando o momento já passou. Só então você se arrepende, só então você entende que aquele momento implorava por uma interferência,

O TEMPERAMENTO NÃO É UM DESTINO INEVITÁVEL

e eu disse a mim mesma: você estava presente, você estava ciente, e dessa consciência deveria nascer a obrigação de agir.

"O amor não combina com os preguiçosos, e para existir plenamente exige gestos vigorosos e precisos. Disfarcei minha covardia e minha indolência com as pomposas vestes da liberdade."

Essa reflexão de uma mulher atormentada por suas lembranças pode servir para nos lembrar de que o verdadeiro afeto às vezes requer vigor e firmeza.

Educar
— e também educar-se —
requer um grande esforço
para passar da reflexão
à ação.

E, em certos casos, também estar disposto a lançar mão de certa violência para superar a negligência, mesmo que isso gere situações inconvenientes para nós ou para os outros.

A maneira mais segura de alcançar uma mudança real na educação dos sentimentos é por meio da ação.

Mas você não disse antes que é mais uma questão de reflexão, de perceber que há algo em nós que vale a pena ser modificado?

Quanto a isso, não há dúvida.

Mas... Se a reflexão
não nos conduzir
à ação,
não iremos mudar.

Talvez não consigamos mudar nossa maneira de sentir num determinado momento; por outro lado, podemos decidir como agir quando sentirmos vontade de mudar e, então, fazer com que nosso comportamento contribua para a consolidação de certo hábito sentimental. Por exemplo: se, diante de um sentimento de medo ou preguiça que quisermos superar, conseguirmos manter, por um tempo, um comportamento capaz de superar aquilo que nos paralisa, criaremos gradualmente um hábito sentimental de coragem ou diligência diante de um estímulo específico; consequentemente, aquela sensação de medo ou preguiça será atenuada. É nesse sentido que digo que a ação é essencial para a mudança pessoal.

Sobre a formação da personalidade, Aristóteles dizia que simples atos isolados não constituem hábitos.

*A autoeducação
da personalidade exige
o esforço de repetição
de atos positivos.*

Porém, a experiência mostra que as mudanças pessoais costumam ser lentas e difíceis.

Sem dúvida, porque a inércia não é pouca e nossas forças são limitadas. Não obstante, devemos ser protagonistas de nossas próprias vidas e não pensar que estamos presos a um destino sentimental inevitável.

O TEMPERAMENTO NÃO É UM DESTINO INEVITÁVEL

Decifrar as chaves

Ortega y Gasset dizia que não há nada mais fácil do que escrever uma boa pilha de folhas sobre algo, ao passo que, ao versar sobre um tópico específico, escrever uma, apenas uma folha, esclarecendo bem cada coisa, às vezes parece quase impossível.

Algo semelhante poderia ser dito acerca da vida emocional. Trata-se de uma realidade complexa e evasiva, difícil de explicar de forma simplificada. Alguns sentimentos surgem numa situação muito concreta e conhecida: sentimos admiração, medo ou raiva diante de certas pessoas ou acontecimentos e entendemos claramente o que está acontecendo conosco; todavia, diante de muitos outros, nem sempre encontramos um gatilho claro: podemos nos encontrar tristes, irritados ou cansados sem saber bem por quê; e, diante desses sentimentos, gostaríamos de poder mudá-los a fim de dissipar, numa tacada só, a vergonha, a raiva, a angústia, o tédio... Porém, logo constatamos que não é tão fácil assim.

Como escreveu José Antonio Marina, o estado emocional é como o resultado consciente de eventos dos quais nem sempre temos plena consciência, e alguns deles são simplesmente biológicos.

Nossos sentimentos
assemelham-se a uma linguagem
codificada que expressa
o tecido do nosso coração.

Ao estudar essas ressonâncias afetivas, logramos decifrar as chaves de nossa vida emocional. Gostaríamos de poder responder à pergunta que, durante a vida, tanto nos surge: por que sinto o que sinto? Ou ainda: por que aquela pessoa sente o que sente?

Vemos que um mesmo estímulo gera sentimentos diferentes em diferentes pessoas. O estilo afetivo constitui o resultado de elementos díspares decorrentes da genética individual e da história pessoal. E, misturado a esse último ingrediente, nunca se pode esquecer do grande papel estruturante que a liberdade individual desempenha na formação da própria pessoa.

Autores da nossa biografia

Viver é como escrever um romance. Num romance, o autor vai delineando, frase por frase, as personagens, o enredo, o estilo; e a cada momento deve escolher a palavra que irá escrever, a qual, indubitavelmente, é sempre condicionada por todas as que escreveu antes. Na construção da própria vida, há também um encontro constante entre a inércia de tudo o que já foi realizado antes e o esforço para conduzir o que virá depois.

A natureza, assim como a linguagem para o romancista, nos impõe regras e estruturas que ao longo da vida temos de aceitar. Por outro lado, se simplesmente seguíssemos suas rotinas, cairíamos num rígido automatismo. Manter um bom estilo — tanto na escrita como na vivência — exige um constante equilíbrio entre aceitar o que nos é dado e contribuir com a criatividade pessoal.

O TEMPERAMENTO NÃO É UM DESTINO INEVITÁVEL

Às vezes, porém, nos sentimos pouco autores de nossa própria biografia e vemos nossas vidas muito determinadas pelo destino, pelos impulsos de nosso próprio temperamento, pelas circunstâncias de nosso meio e tantas conjunturas impostas que deixam pouco espaço para a liberdade pessoal.

Reconhecer-se autor da própria vida, embora o determinismo ou a sorte pareça às vezes nos manipular como uma marionete, é algo acessível. Somente os seres humanos conseguem (sempre relativamente, é claro) romper com as supostas fatalidades de nossa origem e de nosso meio em vez de se resignar, submissos a elas. Podemos compensar as deficiências com escolhas próprias que nos elevem acima do previsível. Por isso se tem dito que a educação é, de certo modo, uma tentativa de resgatar o homem da fatalidade zoológica ou da opressiva limitação da mera experiência pessoal, a fim de impulsioná-lo na direção de um caminho de liberdade plenamente humana.

É preciso esforçar-se por sair da inércia, manter a liberdade com firmeza, nadar contra a corrente sempre que necessário e rir daquilo de que se deve rir, mas sempre levando muito a sério as coisas sérias. O ser humano pode escolher o que quer aprender e pode adquirir, voluntariamente, determinadas capacidades; pode, ainda, intervir no fluxo de informação que lhe sobrevém e decidir a respeito de seu comportamento; em suma: pode decidir como quer ser.

A juventude geralmente dá pouca atenção a isso; mas, com o passar dos anos, fica mais fácil perceber que o caminho percorrido é como uma estrada cheia de bifurcações e setas que apontam para direções diferentes; tomamos alguns desses desvios quase sem perceber; noutros, contudo, sequer batemos o olho. Tampouco sabemos aonde nos teriam levado esses que deixamos de lado — se para um lugar melhor ou pior, embora muitas vezes isso seja fácil de imaginar. Sempre que nos deparamos com um desvio, surge a questão: seguir em frente ou desviar do caminho? Temos de decidir.

*A vida se desenvolve
em meio a uma sucessão
contínua de decisões.*

Não se trata de ansiar pelas possibilidades que cada caminho que deixamos de trilhar iria nos oferecer, mas antes de avançar em nosso caminho com os olhos bem abertos, para não errarmos.

Poderíamos concluir, com Schumacher, que o futuro está sempre sendo feito, mas que se faz principalmente com um material já existente. Nosso futuro é estruturado por essa força misteriosa e rebelde que é a liberdade criativa do homem.

*O futuro
não é inexorável,
mas está entrelaçado
com a liberdade.*

CAPÍTULO 7
O DESENVOLVIMENTO EMOCIONAL

> *O amor só começa a se desenvolver*
> *quando amamos aqueles*
> *de quem não precisamos*
> *para nossos propósitos pessoais.*
> E. Fromm

A primeira infância

"Dei ao meu primeiro filho tudo o que ele quis", comentou Sílvia, uma dessas mães que sabem reconhecer seus erros e aprender com eles.

E continuou: "Diante do menor grito, eu o acudia correndo. Agora, com quatro anos, ele é um tiranozinho, e acho que isso se incorporou à personalidade dele, pois estou com dificuldade para mudá-lo: é algo muito forte. Ele é daquelas crianças para quem, num estalar os dedos, todo mundo tem de prestar atenção nelas.

"Com a minha segunda filha, que tem quase dois anos, aprendi a lição, e já não ia correndo para perto dela, como acontecia com o mais velho. Tentei fazê-la entender, desde cedo, que ela não pode, a seu bel-prazer, comandar a todos nós. Quero que aprenda a pensar mais nos outros e que veja, por exemplo, o absurdo que é eu ter de recolher tudo o que ela joga no chão, como uma tola. Quero que ela aprenda a ter paciência, a desenvolver um senso mínimo de ordem, de autocontrole. E, em comparação ao meu primeiro filho, estou bastante satisfeita com a diferença de resultado".

Às vezes, pode parecer que crianças de poucos meses são seres que não têm muita consciência. No entanto, se, a exemplo daquela mãe, observarmos com atenção, logo verificaremos que, já nos primeiros meses, a criança começa a desenvolver a capacidade de lidar com a tensão que os acontecimentos corriqueiros da vida lhe causam. Bebês precisam controlar movimentos espontâneos para construir o próprio comportamento voluntário, e a educação que recebem (pois, já nessa idade, devem ser educados) os ajudará ou atrapalhará de maneira considerável nessa importante tarefa.

Se todos os seus desejos forem sempre satisfeitos, não conseguirão desenvolver a capacidade de resistir aos impulsos e tolerar a frustração; assim, formarão, assim, uma personalidade egocêntrica e arrogante.

Mas também não é o caso de negar-lhes quase tudo a fim de que desenvolvam mais essas capacidades.

Não, pois isso estimularia neles uma decepção crônica, um sentimento de insatisfação permanente, bem como uma personalidade desconfiada, cética e mal-humorada.

O olhar da criança é muito mais perscrutador e desperto do que parece e está sempre assimilando diversas impressões sobre como o mundo funciona, estabelecendo um diálogo minucioso e contínuo com as pessoas ao seu redor — diálogo que não é feito apenas de palavras, mas também de imitações,

O DESENVOLVIMENTO EMOCIONAL

de busca por aprovação e de assimilação dos gestos que a criança observa. Nessa rica interação, sua memória afetiva pessoal vai se configurando, e a criança adquire, então, uma ideia daquilo que deve sentir — do modo correto e com a intensidade correta — em cada tipo de situação.

Esse fluxo contínuo de experiências afetivas vai formando na criança, sem que ela perceba, leis pelas quais ela passará a interpretar como deve ser sua reação e seu estado de espírito diante de cada coisa. Trata-se de um processo lento que influencia sua evolução afetiva e o desenvolvimento de sua inteligência.

Como o afeto pode influir no desenvolvimento da inteligência?

Basta pensar, por exemplo, na influência que a motivação exerce: se for alta, e se graças a ela houver o entusiasmo de aprender as coisas e desenvolver suas aptidões e habilidades, a inteligência renderá cada vez mais; em contrapartida, uma motivação baixa tornará infértil uma infinidade de talentos pessoais.

> *O desenvolvimento da inteligência está intimamente ligado à educação dos sentimentos.*

Durante esses primeiros anos, está sendo construído na criança o seu sistema motivacional, pelo qual, ao se deparar com algo novo, ela se sentirá encorajada a explorá-lo ou, ao contrário, evitá-lo. Uma educação correta deve fornecer a segurança e o apoio afetivo necessários para esses sucessivos encontros com a linguagem, com as tradições familiares, com os colegas de escola, com a natureza, com a cultura, com valores de toda ordem. O desenvolvimento do seu espírito dependerá da qualidade e da quantidade desses encontros.

A formação do estilo sentimental

E como se dá essa segurança, que parece tão fundamental para a motivação?

A sensação de segurança depende muito da sensação de ser amado (o que, obviamente, nada tem a ver com ser mimado). Crianças a que é negado afeto (havendo inclusive casos extremos, nos quais são confiadas ao cuidado do Estado e moram em orfanatos) tendem a apresentar um desenvolvimento afetivo anormal e complicado, o que revela, entre outras coisas, que a educação emocional durante os primeiros anos tem uma influência decisiva.

O papel da família,
enquanto provedora
de um âmbito propício para o amor,
é fundamental,
independentemente do seu valor
ou qualificações.

A rejeição afetiva frequente ou um estilo educacional persecutório, imprevisível ou excessivamente controlador diminuirá a capacidade da criança de dominar seus medos e problemas. O mesmo

O DESENVOLVIMENTO EMOCIONAL

se poderia dizer daqueles pais que, sendo complacentes e dependentes, não permitem que o filho se separe deles, manipulando os sentimentos da criança com uma patética chantagem afetiva que costuma mascarar uma conduta egoísta, dominadora e possessiva.

Todas essas situações, principalmente se forem intensas e prolongadas, influenciam o estilo sentimental da criança e configuram esquemas mentais que permanecem nas camadas mais profundas de sua memória, compondo, assim, parte do cerne de sua personalidade.

Você fala muito sobre memória. Acha que ela é muito importante para a definição do estilo sentimental?

Ela é importante, embora muitas vezes seu efeito passe quase despercebido. Há muitas coisas que aparentemente esquecemos, mas que na realidade não se perderam de todo em nós, conservando-se latentes em nossa memória. Exemplo: todos já passamos pela experiência de rememorar velhos acontecimentos, lembranças que, às vezes, nos vêm simplesmente por termos sentido um cheiro, ouvido um som, contemplado um gesto ou uma situação. São associações que reacendem sentimentos guardados no fundo da nossa memória.

Esse efeito às vezes é produzido de modo pouco consciente; contudo, não cessa de nos influenciar. Imaginemos uma pessoa que na infância foi atacada por um cachorro, ou que no passado sofreu um acidente de carro. Ao ver um cachorro ou entrar num carro, ela pode muito bem sentir medo, pois, embora essas memórias nem sempre estejam explícitas na sua cabeça, os sentimentos associados a elas vêm à tona e fazem reviver situações.

Desenvolvimento do senso de autonomia

Ao final do primeiro ano de vida, inicia-se um período de grande atividade. A criança aprende a andar e a falar: com isso, duas dimensões do seu mundo se ampliam. Muitos autores atribuem a essa fase um peso decisivo sobre a transformação afetiva da personalidade da criança.

A criança entra de maneira gloriosa em seu segundo ano de vida. Agitada e alegre, exibe um vigor infatigável, e com esse vigor explora o ambiente, movimenta-se nele, conhece-o e, inevitavelmente, desenvolvendo a consciência de sua autonomia. Nessa fase, a criança entende bem melhor os sentimentos dos outros e começa a obter pistas emocionais do significado das expressões de seus pais e irmãos. No entanto, tende ainda a ser uma observadora, sem tentar, por exemplo, confortar alguém com problemas. Isso muda rapidamente, e, com um ano e meio ou dois, é fácil para ele fazê-lo; porém, em contrapartida, aprende também a provocar e a gostar de quebrar regras, testando até onde pode burlar as proibições estabelecidas, tanto em casa como no jardim de infância.

Aos dois anos de idade surgem outros sentimentos, mais relacionados com normas e juízos a respeito do próprio comportamento e do comportamento alheio. Ela descobre o senso de responsabilidade, e os olhares alheios ganham mais espaço em sua vida.

O DESENVOLVIMENTO EMOCIONAL

Frases como: "Olha o que eu sei fazer!"; ou: "Olha como eu pulo!", costumam ser um sinal de sua demanda frequente por atenção e de sua necessidade de ser olhada com carinho.

A partir dos cinco anos de idade surgem sentimentos mais complexos, impregnados a um só tempo de responsabilidade pessoal e respeito àquelas regras que, aos poucos, ela vai percebendo à sua volta. Por exemplo: até então, quando questionada após uma vitória em um jogo ou em um esporte, a criança se diria feliz; porém, se tiver feito algo ruim, poderá agora ficar com medo de ser punida. No entanto, os sentimentos de orgulho, culpa ou vergonha ainda não costumam aparecer nessa fase.

Entre os seis e sete anos de idade, ela começa a se referir a esses sentimentos, especialmente se os pais testemunharam suas ações, pois a criança nessa idade ainda atribui esses sentimentos, em grande parte, à reação que vê refletida neles. A alegria e a tristeza que tinha experimentado até então eram sentimentos bastante simples, mas o orgulho, a vergonha ou a culpa são mais complexos, e por isso demoram a chegar ao coração da criança.

Por volta dos sete ou oito anos, ela começa a sentir orgulho ou vergonha de si mesma, havendo ou não testemunhas do que fez. Uma dualidade irremediável instala-se em sua consciência: ela se torna um sujeito moral e atinge o que tradicionalmente chamamos de idade da razão. A sua vida, nesse estágio, ficará um pouco complicada — felizmente, pois é essa a consequência inestimável da reflexão e da liberdade. Durante toda essa fase, outro sentimento determinante para a sua formação ganha força, e com muita nitidez: a satisfação que sente ao ser elogiada ou aprovada por aqueles que aprecia. Trata-se de um sentimento que não precisa ser visto como negativo: consiste, afinal, na resposta a uma satisfação positiva, decorrente de ter agradado às pessoas que ela ama.

Sensibilidade para com os valores morais

"O avô tinha envelhecido muito. Suas pernas estavam fracas, via e ouvia cada vez menos, babava e tinha sérias dificuldades para engolir a comida.

"Em certa ocasião", continua a cena do romance de Tolstói, "quando seu filho e sua nora lhe serviram o jantar, o avô deixou cair o prato, que se espatifou no chão. A nora começou a reclamar da falta de jeito do sogro, dizendo que ele tinha quebrado tudo e que a partir daquele dia iria alimentá-lo em uma bacia de plástico. O velho suspirou de medo, sem ousar dizer qualquer coisa.

"Pouco depois, o casal se deparou com o filho pequeno a mexer no armário. Movido pela curiosidade, o pai perguntou: 'O que você está fazendo, filho?' O menino, sem levantar a cabeça, respondeu: 'Estou preparando uma bacia para alimentar você e mamãe quando forem velhos'.

"O marido e a esposa se entreolharam e ficaram tão envergonhados que começaram a chorar. Eles se desculparam com o avô e o seu neto, e as coisas mudaram radicalmente daquele dia em diante. O filhinho lhes dera uma dura lição de sensibilidade e bom coração."

O DESENVOLVIMENTO EMOCIONAL

Em cada criança pode-se observar como, mesmo com defeitos às vezes patentes, desenvolve-se uma sensibilidade especial a certos valores, os quais, em muitos casos, servem de instrução aos adultos (poder-se-ia falar, aqui, sobre como a convivência com os jovens também educa os idosos). São como lampejos que surgem desde cedo e que, mais tarde, na adolescência, adquirirão uma vivacidade muito maior, cristalizando-se num horizonte pessoal de valores e ideais.

E como se estabelecem esses valores e ideais?

Eles aparecem naturalmente na história de cada pessoa, com mais ou menos frequência e intensidade. São luzes que surgem dentro de nós e que, aos poucos ou de modo fulminante, passamos a considerar e estimar, destacando-se entre outros valores e ideais possíveis; assim, fazem com que os acalentemos, por se nos mostrarem mais cativantes, mais simpáticos, mais íntimos.

Você diz, portanto, que eles surgem naturalmente, mas que em algumas pessoas são bem mais nobres e elevados do que em outras.

Depende da resposta que cada um de nós dá aos valores e ideais que nos são apresentados. Se forem acolhidos com boa disposição, serão cada vez mais nobres, mais precisos, mais autênticos, mais próximos.

É algo que vai amadurecendo em nós e que, com o tempo, mostra-se para nós como algo que deve nos definir e diferenciar, que dá sentido à nossa vida, a tudo o que fazemos.

Experimentamos esses ideais como a realização de algo para o qual fomos chamados, algo que, embora esteja de fato sujeito à nossa decisão, é menos escolhido do que simplesmente recebido — algo que tem de ser reconhecido e admitido por nós, que tanto atrai como exige, algo nos compromete e nos preenche.

Uma ajuda na hora certa

"Quando eu era criança, não tinha amigos. Não tinha ninguém em quem confiar, exceto o céu aberto dos campos, o vento... e, à noite, a solidão e o silêncio do meu quarto. A solidão e o desespero operavam dentro de mim, como dois foles que sopravam sem parar.

"Agora sei", continuou Walter, protagonista do romance *Anima mundi*, "que bastaria uma pessoa, apenas uma, para que meu destino tivesse sido bem diferente. Teria bastado um olhar, um vislumbre de compreensão, alguém que, com um cinzel na mão, fosse capaz de quebrar o molde de calcário em que eu me encerrava."

A reflexão dilacerada desse menino serve para sublinhar a importância da educação afetiva durante a infância e a adolescência.

Durante os primeiros anos de vida, o desenvolvimento da criança atinge, em todos os aspectos, um ritmo que jamais se repetirá. Nesse período-chave, todo o aprendizado, e especialmente o aprendizado emocional, ocorre mais rápido que nunca. Por isso, as deficiências emocionais que se apresentam durante a infância tornam o desenvolvimento afetivo particularmente difícil e prejudicam muito as habilidades futuras. E, embora seja verdade que tudo isso pode ser parcialmente remediado mais tarde, não há dúvida de que o impacto da aprendizagem precoce é muito profundo.

> *As lições emocionais*
> *aprendidas*
> *nos primeiros anos de vida*
> *são extraordinariamente*
> *importantes.*

Uma criança com dificuldade em concentrar a atenção em algo concreto, ou uma criança que é triste e sensível em vez de alegre e confiante, ou que é agressiva e ansiosa em vez de calma e despreocupada, sempre será uma criança que, diante de circunstâncias análogas, terá menor chances de aproveitar as oportunidades que a vida lhe oferece.

Por isso, quem viveu uma infância cercada de afeto — mesmo com dificuldades e sofrimento — tem mais facilidade de interpretar as situações de forma positiva e gratificante, de confiar nos outros, de se sentir seguro e digno de apreço. Por outro lado, crianças privadas de afeto tendem a ser inseguras e sensíveis e a perceber as relações interpessoais com desconfiança, bem como a se sentirem insatisfeitas.

Se nos dermos conta da grande influência que essas primeiras aprendizagens emocionais — positivas ou negativas — têm no desenvolvimento do estilo sentimental (e, por conseguinte, no resultado geral da vida), não iremos desperdiçar as tantas ocasiões que, dia após dia, se apresentam no âmbito da educação das crianças.

A adolescência

Relembrar a própria juventude é sempre interessante. Quando se é jovem e se vive rodeado de outros jovens no ambiente escolar e familiar, talvez pareça que todos os que estão ali terão um destino comum. Mas, se nos lembrarmos daqueles nossos anos e virmos como o tempo passou, como nossas vidas e de nossos amigos e colegas foram se forjando, como nossos destinos foram se enveredando por alguns percursos que talvez agora, anos depois, nos pareçam surpreendentes, compreenderemos de imediato que a adolescência é uma fase determinante na história de cada um.

Os sentimentos fluem no adolescente com uma força e uma instabilidade sem precedentes. A adolescência é a idade própria tanto para uma grande motivação como para um grande desânimo, tanto para profundos ideais como para um profundo ceticismo. Trata-se de uma fase em que se ergue, no interior da pessoa, uma autoimagem inflexível e contraditória, permeada de dúvidas e de longas e difíceis batalhas internas.

Muitos experimentam, por exemplo, um amargo sentimento de rebeldia por não conseguir controlar os próprios afetos. Sentem-se tristes e desanimados, ou mesmo ressentidos e culpados, por serem, talvez, muito perfeccionistas e inquisitivos, querendo ver tudo com uma clareza que a vida nem sempre pode dar. Desejam iniciar vidas afetivas com grande ímpeto e pretendem sair delas seguros e incólumes, com todas as ideias no devido lugar, como aquelas páginas de caligrafia dos primeiros anos da escola brancas, limpas e sem nenhuma rasura. Acontece que, ao se darem conta da complexidade de seus próprios sentimentos, eles se veem tomados por uma grande tristeza e podem até sentir vontade de chorar; se alguém lhes perguntar por que estão assim, é provável que respondam, desolados: "Eu não sei".

Nessa idade, muitas coisas clamam por ser ordenadas em nossos corações. Talvez sejam muitos os projetos e, com eles, as decepções e inseguranças. E nem sempre há uma lógica e ordem claras na cabeça. Existem muitos sentimentos confusos que lutam para vir à tona: são preocupações cotidianas que podem se misturar às lembranças do passado — agradáveis ou dolorosas — que ruminamos e que talvez se distorçam dentro de um ambiente interior tão rarefeito... Todo esse conjunto flui na mente do adolescente, todos os dias, como uma torrente, mesclando as aspirações mais profundas do espírito com os impulsos inferiores do corpo.

É em meio a esse amálgama de sentimentos, alguns deles opostos, que se cristaliza o estilo emocional do jovem. Dia após dia, ele vai consolidando sua própria maneira de abordar os problemas afetivos, um modo de interpretá-los que se tornará sua marca pessoal e, com o passar do tempo, constituirá uma parte muito importante de sua personalidade, de seu caráter.

Encontrando a liberdade interior

Parte importante do processo de amadurecimento do adolescente é a descoberta progressiva de sua liberdade interior.

A princípio, é fácil para ele relacionar obrigação com coerção, perceber a ideia de dever como perda da liberdade. No entanto, à medida que o tempo passa, ele começa a perceber que existem elementos em sua vida que o aproximam de seu pleno desenvolvimento, ao passo que outros, por sua vez, o afastam disso; e, então, nota que, com sua conduta pessoal, ora avança, ora retrocede nessa busca. Faz-se necessário, pois, distinguir melhor entre o que quer e o que lhe convém, visto que, caso não tente fazer o que deve, não será verdadeiramente livre.

*O adolescente descobre que se, com sua liberdade,
opta por não ser solidário
ou por se deixar dominar pela preguiça
e pela solidão oriunda do seu próprio egoísmo,
essa liberdade será vazia.*

Perceber o dever como uma obrigação coercitiva é um dos erros mais graves que ameaçam o processo de desenvolvimento emocional. Por isso deve-se entender, o quanto antes, que agir de acordo com o dever é algo que nos aperfeiçoa; pois, se acolhermos nosso dever como uma voz amiga, acabaremos por aceitá-lo com alegria e cordialidade.

*Assim descobrimos que
a grande conquista da educação afetiva
está em conseguir — na medida do possível —
unir o querer ao dever.*

O DESENVOLVIMENTO EMOCIONAL

Desse modo, aliás, alcança-se um grau de liberdade muito maior.

A felicidade
não está em fazer
o que se quer,
mas em querer
o que se deve fazer.

Com isso, nos sentiremos vinculados ao nosso dever, mas não obrigados, forçados ou coagidos, pois perceberemos o dever como um ideal que nos leva à realização. Goethe já disse que não nos tornamos livres recusando-nos a aceitar algo superior, mas aceitando o que realmente está acima de nós. Perceber o dever como um ideal constitui uma das maiores conquistas para vivermos a verdadeira liberdade.

Isso pode ser visto em diversas situações. Por exemplo, o homem escravo dos próprios desejos é alguém que vive recluso numa interioridade egoísta e que, portanto, terá grande dificuldade em dirigir sua atenção para fora de si. Uma pessoa tão assediada pelos próprios desejos a ponto de não conseguir dominá-los é uma pessoa incapaz de perceber valores que reivindiquem primazia sobre eles; tornar-se-á, por isso, uma pessoa carente de liberdade.

A que tipo de vontades e anseios você se refere?

Refiro-me a se deixar absorver pela preguiça, pela desordem, pelo egoísmo, por uma ambição doentia, por uma vida sexual desordenada, pelo álcool etc. Coisas bem distintas entre si.

Contudo, todas elas coincidem num ponto: não exigem, a princípio, nada do homem. Convidam no se deixar levar, prometendo-lhe tudo; no final, entretanto, deixam um enorme vazio, uma enorme tristeza.

Essa é uma dinâmica que, por não ser exigente, parece dar tudo a quem a ela se entrega. No entanto, quem cede à fascinante sugestão de buscar a felicidade por esses atalhos acabará se decepcionando e percebendo que tomou o caminho errado.

A propósito, é a primeira vez que você se refere à vida sexual em todo o livro. Achei que abordaria o assunto com mais frequência.

Faço isso porque considero erradas as abordagens de educação afetiva que focam demais na sexualidade, como se ela fosse a questão central.

Apesar disso, é uma questão importante, como se pode comprovar nos tantos fracassos sentimentais em namoros e casamentos.

Parece-me que uma boa educação sexual deve se basear numa boa educação dos sentimentos. Se a educação afetiva falhar, será difícil ter sucesso na conduta sexual.

Mas um comportamento sexual errado também pode perturbar a educação dos sentimentos.

Pode. E é o que acontece, por exemplo, quando um noivado é presidido e nutrido por interesses eróticos. A sexualidade bem vivida no casamento é algo maravilhoso e fascinante, mas fora de seus limites naturais é algo realmente perigoso. Do mesmo modo, fazer fogo é sublime se for na lareira, durante um dia de inverno, mas bastante perigoso em cima do tapete ou do sofá.

Como apontou López Quintás, se um menino pensa que ama uma menina, mas o que realmente ama são apenas as qualidades dela, as quais ele considera agradáveis — tanto mais se forem sexuais —, é provável que haja mais amor por si mesmo do que por qualquer outra coisa, e o que aí se ama, de fato, é sobretudo a lisonja e o encanto que os atributos da menina causam nele. Se tais atributos deixarem de interessá-lo devido ao tempo ou ao que quer que seja, ou se deixarem de lhe ser agradáveis, devido talvez ao embotamento produzido pela repetição dos estímulos, o menino pensará que seu amor desapareceu, embora talvez seja mais exato considerar que esse amor mal chegara a florescer, pois desde o início estivera impregnado de egoísmo. É verdade que o namoro exige uma atração mútua, também física, mas confundir luxúria com a atração entre um homem e uma mulher é dar o mesmo nome ao tumor e ao órgão que ele corrói. Quem deseja outra pessoa, sobretudo para satisfazer sua avidez sexual, dificilmente estabelece laços pessoais com ela, mas a utiliza; quem ama, por sua vez, faz o oposto: dá tudo o que tem, dá-se a si mesmo. São atitudes muito diferentes: uma nasce do egoísmo; a outra, da generosidade.

Você crê, então, que o sexo os separa em vez de uni-los?

Creio que quanto mais um namoro é sexualizado, maior o risco de resultar na justaposição de dois egoísmos. Nesses casos, o prazer substitui o afeto com mais facilidade do que pode parecer, e os namorados entram numa atmosfera hedonista que obscurece o horizonte do amor, impregnando-os de frustração e tristeza.

O vício do sexo sempre tende a pedir mais e mais, já que a sensibilidade sofre desgaste e exige estímulos cada vez mais intensos para que o nível de excitação seja, pelo menos, mantido. Produz euforia no início, mas rapidamente termina em decepção. Nem é libertador; na melhor das hipóteses, pode ser sedativo, mas com uma sedação bastante passageira. Além disso, quem vive para satisfazer seus prazeres tem dificuldade de se desapegar deles e ter tempo para pensar realmente nos demais. Quem não consegue dominar os próprios impulsos dificilmente conseguirá encaminhá-los para um ideal, pois dar primazia a um valor superior implica sempre um sacrifício.

Entretanto, muitos entendem essa abordagem como uma repressão inútil.

Reprimir-se é prescindir de algo atraente para permanecer vazio. Mas quando, por exemplo, uma mãe se priva de algo por amor ao filho, não se diz que ela se reprime, mas que se sacrifica para conseguir algo melhor para ele. Do mesmo modo, quando um namorado ou namorada protege seu corpo para entregá-lo imaculado (e não como um objeto de segunda mão) no casamento, não está "se reprimindo", mas optando por algo mais elevado.

Como aponta Pam Stenzel, compartilhar o sexo com outra pessoa é — perdoada a pobreza da comparação — como unir duas vidas com uma fita adesiva. Se se tenta usar essa fita com outra pessoa, descobrir-se-á que ela une cada vez menos e que tem, grudada, um pouco da sujeira de cada relacionamento pregresso.

Ou como me explicou, certa vez, Gonçalo, um jovem de dezenove anos que namorava uma moça encantadora: "Talvez, em certos momentos, guardar-se para a sua namorada pode ser mais difícil, ou você pode se sentir inferior aos outros por não ter certas experiências sexuais; mas logo que começa a olhar as coisas a partir de uma perspectiva mais ampla, você vê que, ao esperar, está preservando um tesouro muito valioso, que não quer jogar fora. Quando as pessoas o desprezam por não agir como elas, penso: 'Ora, eu poderia fazer o que elas fazem a qualquer momento, e sem nenhum esforço!' Mas, a meu ver, parece que elas, por sua vez, teriam dificuldade para se desintoxicar de todo esse excesso de sexo que fazem e já fizeram. Decidi esperar até me casar, e o fato de minha namorada também poder esperar alguns anos por mim é um belo exemplo do valor dela e do quanto ela me ama".

O ambiente familiar

"Gostaria que meus pais, e que você mesmo, pudessem me alcançar, falando mais a minha linguagem". Essas palavras, cheias de desenvoltura, foram ditas por Daniel, um aluno resoluto e pensativo de dezessete anos, no início da primeira sessão de tutoria do nosso curso.

"O que me incomoda", prosseguiu, "é que os adultos sempre falem com tanta confiança, adotando a posição de especialistas que sabem tudo. Digo isso desde já, e não é para ofender. Só gostaria que os adultos descessem um pouco do pedestal e que não se dirigissem aos jovens sempre dando ordens ou conselhos.

"Peço apenas que nos escutem de vez em quando, que admitam que nós também podemos ter ideias inteligentes, que nos reconheçam em algum nível de igualdade, que nos falem com mais abertura. Embora possa não parecer, prestamos muita atenção a eles, mais do que você pensa. O que eu gostaria é que as reflexões dos adultos nem sempre fossem como conselhos disfarçados e que eles tentassem se inteirar do que realmente acontece conosco".

Essa conversa que tive com o Daniel me fez lembrar do que escreveu Romano Guardini quando afirmava que para educar há um fator principal: o próprio educador e o modo como ele *é*; um segundo: o que esse educador *faz*; e um terceiro: o que ele *diz*. São importantes os conselhos, as recomendações e orientações, mas bem mais importante é, sobretudo, o que se faz enquanto educadores, ou seja, a devida integração entre os modelos que ele apresenta e as coisas pelas quais preza. Há pessoas que, nesse ponto, são verdadeiros mestres; outras, ao contrário, um verdadeiro desastre.

A vida familiar é a primeira escola de aprendizado emocional. A forma como os pais tratam os filhos (seja com uma disciplina rígida, seja com uma flagrante desordem; com excessivo controle ou indiferença; de forma cordial ou abrupta, confiante ou desconfiada etc.) gera consequências profundas e duradouras na vida emocional das crianças, que captam dos pais, não sem grande acuidade, até os atos mais sutis.

Alguns pais, por exemplo, costumam ignorar os sentimentos dos filhos, considerando-os de pouca importância e perdendo, com essa atitude, excelentes oportunidades de educá-los.

Outros são mais conscientes desses sentimentos, mas seu interesse geralmente se reduz a conseguir, por exemplo, que o menino deixe de ficar triste, nervoso, zangado, e para isso eles recorrem a todos os meios (incluindo, às vezes, o engano e a punição física), mas raramente intervêm de forma inteligente para fornecer uma solução que ataque a raiz do problema.

Há também os pais de caráter autoritário e impaciente, que tendem a ser reprovadores, propensos a levantar a voz diante do menor problema. São pais que desqualificam levianamente seus filhos, dirigindo falas do tipo: "Não me responda!", enquanto o filho tenta apenas se explicar. Para esses pais, é difícil prover o clima de confiança necessário para uma correta educação dos sentimentos.

Há, felizmente, muitos outros pais que levam mais a sério os sentimentos dos filhos, procurando conhecê--los bem e vendo em seus problemas emocionais uma oportunidade para educá-los. Esforçam-se para criar um canal que facilite a confiança e o desabafo, sabendo falar naquele nível de igualdade ao qual o meu aluno se referia: eles percebem que uma simples sequência de palavras alivia o coração de quem está sofrendo, pois expressar sentimentos e falar deles com quem está disposto a ouvir e compreender tem sempre um grande valor educativo.

> *Expressar*
> *os próprios sentimentos*
> *numa conversa confidente*
> *é um excelente*
> *remédio sentimental.*

Crianças que vêm de lares muito frios, ou onde há certa negligência, desenvolvem mais facilmente atitudes derrotistas em relação à vida. Se os pais são imaturos ou imprevisíveis, se estão sempre tristes, aborrecidos ou distantes, com parcos objetivos de vida ou vidas caóticas, será difícil para eles se conectar com os sentimentos de seus filhos, e o aprendizado emocional destes será, necessariamente, deficiente.

O que você quer dizer com "pais imprevisíveis"?

São pais que tratam os filhos de maneira arbitrária: quando estão de mau humor, por exemplo, os maltratam, mas quando estão de bom humor permitem que faltem com seus deveres ou responsabilidades, deixando os filhos em meio ao caos. Pais desse tipo dificilmente conseguirão algum avanço na educação.

Se a reprovação e a aprovação podem ser manifestas indistintamente pelos pais em qualquer hora e lugar — se estão com dor de cabeça, se dormiram bem ou mal à noite, se seu time de futebol ganhou ou perdeu o último jogo —, cria-se na criança um profundo sentimento de impotência, de incapacidade de fazer bem as coisas, pois as consequências serão

O DESENVOLVIMENTO EMOCIONAL

difíceis de prever. Por essa razão, pais que alternam de modo imprevisível uma benignidade excessiva com uma severidade excessiva tendem a fracassar.

Lastro emocional

Até que ponto erros de aprendizagem na infância ou na juventude podem ser remediados?

É notório que os problemas mais comuns durante essas idades — sentir-se constantemente ignorado e carente de atenção ou afeto, ser rejeitado no ambiente escolar etc. — deixam marcas.

*No entanto,
essas feridas emocionais,
que muitas pessoas
carregam gravadas na pele,
podem cicatrizar.*

A questão está em aprender a se relacionar de forma inteligente com esse lastro emocional que cada pessoa carrega na vida.

E como isso se aprende?

Essas feridas emocionais podem ter nos tornado suscetíveis e instáveis. Nesse caso, teremos a impressão de não conseguir evitar uma resposta hostil, quase automática, quando provocados. Todavia, embora nem sempre consigamos nos controlar ao sermos vítimas de uma reação interior irada e aborrecida, conseguimos, e de modo bem mais eficaz, controlar:

• até que ponto essa reação interna tomará as rédeas do nosso estado emocional;

- a maneira como iremos expressar essa reação;
- e quanto tempo essa reação irá durar.

Um tal nível de autocontrole poderia muito bem ser encarado como um índice de progresso durante o processo de amadurecimento emocional (isto é: de libertação desse lastro emocional), pois a capacidade de conter a exteriorização da raiva, bem como o tempo de recuperação do equilíbrio interior, mostra a maturidade das respostas que a inteligência dá às nossas reações primárias e espontâneas.

Quando nossas reações exigem demais de nós mesmos — ou dos outros —, quando são vitimistas, defensivas ou autossuficientes, estilos emocionais frustrantes se desenvolverão (com sentimentos de desespero, tristeza, ressentimento, culpa desmedida etc.). Além disso, eles tenderão a se espalhar facilmente e afetar outras áreas de nossas vidas.

Em que medida isso pode afetar o desempenho acadêmico ou profissional?

O desejo de aprender, o autocontrole, as habilidades de relacionamento e de comunicação, a capacidade de compreender os outros e ser compreendido por eles, de harmonizar as próprias necessidades com as alheias etc. são habilidades que, uma vez desenvolvidas no ambiente familiar, permitem que a pessoa inicie com uma vantagem inquestionável a vida acadêmica e profissional. As capacidades de abstração, de pensar sistematicamente, de associar ou organizar atividades em torno de um projeto comum, bem como a criatividade, são exemplos de habilidades emocionais importantes para a vida, e não é fácil incluí-las nos currículos acadêmicos.

O DESENVOLVIMENTO EMOCIONAL

Educação da sensibilidade: a vontade de aprender

Como escreveu José Antonio Marina, nunca podemos ter certeza daquilo que outra pessoa vê. Mesmo que acompanhemos atentamente o seu olhar, não conseguiremos adivinhar a paisagem que ela está contemplando. Pode ser que ambos vejamos a mesma coisa, mas ignoramos o nível em que a percepção do outro se instala.

Uma paisagem não é a mesma, por exemplo, aos olhos de um pintor e aos olhos de uma pessoa que sai para caçar. Cada um obtém percepções diferentes. Não é que vejam as mesmas coisas e, em seguida, as interpretem de forma diversa; antes, a percepção de cada um é filtrada pelo valor e significado que o objeto adquire para si.

Exemplo claro disso é a linguagem escrita: voltar o olhar para um texto sem lê-lo é bastante complicado; com efeito, se compreendemos a linguagem, não enxergamos apenas uns rabiscos estranhos: o olhar inteligente recusa-se a deter-se nos signos e vai mais longe; não só vê, mas também lê, obtendo inevitavelmente uma percepção elaborada; assim, a nossa atenção vai se movendo de acordo com o significado daquilo que estamos lendo.

Em sua vida cotidiana, os seres humanos submetem a realidade a um interrogatório contínuo. Desse modo, a relevância de suas respostas, bem como a possibilidade de nos enriquecermos com elas, dependerá do quão sagaz forem nossas perguntas.

Com o homem que tem vontade de aprender acontece o mesmo que com o menino que é cada vez mais exigente na hora de aceitar uma resposta. A criança repete as mesmas perguntas: "O que é isso? Por que isso é assim? O que ele está fazendo? Por que ele está fazendo isso?". Contudo, nem sempre as mesmas respostas são válidas. Segundo estudos publicados por Branderburg e Boyd nos Estados Unidos, crianças entre quatro e oito anos formulam em média 33 perguntas por hora num diálogo normal (o que, sem dúvida, é um grande estímulo para forjar a paciência familiar). A princípio, a pergunta "o que é isso?" é respondida pelo nome do objeto em questão; mais tarde, porém, outras explicações terão de ser acrescentadas, pois a criança espera mais e precisa de mais; talvez ela chegue a fazer as mesmas perguntas novamente. Ocorre que, a essa altura, a criança não irá se satisfazer com respostas superficiais.

Por meio da observação, da reflexão e das perguntas, o indivíduo aprende desde muito jovem a olhar e compreender o mundo que o rodeia. Já nos momentos iniciais da vida brota um claro interesse em aprender, em questionar, em apropriar-se de um mundo que, nessa primeira etapa, ainda é dos outros.

*Um dos esforços educacionais
mais eficazes consiste em
ensinar a perguntar.*

A insensibilidade, a incapacidade de se relacionar com o que é complexo ou profundo, é uma das fontes mais amargas da infelicidade, uma vez que nega ao ser humano o acesso à própria singularidade e faz com que o mundo de possibilidades que nos é continuamente

O DESENVOLVIMENTO EMOCIONAL

apresentado seja desperdiçado. Pessoas insensíveis podem dizer que não se importam com isso e que estão bem do jeito que estão; todavia, quando um belo acordarem e tomarem consciência do que perderam, hão de se lamentar com verdadeiro pesar.

Seria uma pena que o passar dos anos fosse capaz de murchar aquela vontade natural e infantil, tão espontânea, de aprender — um desejo que nos afasta do perigo de nos tornarmos conformistas e insensíveis, que nos impulsiona a nos aprofundar nas coisas, a melhorar a nossa sensibilidade e a nossa capacidade de discernimento, a descobrir aquela parábola que pulsa em cada situação e em cada eventualidade quando contempladas com atenção.

Talvez pensemos que, pelo que quer que seja, essa capacidade já não poderá crescer em nós; mas provavelmente não é esse o caso. Podemos aprender a discernir melhor as coisas e nos enriquecer muito com as contribuições alheias. Podemos — e devemos — aumentar nossa sensibilidade.

O ser humano não só sabe o que sabe, como também sabe que ignora muitas outras coisas.

Como apontou Jerome Bruner,
se não há constatação da própria ignorância,
também não haverá esforço nem para aprender,
nem para ensinar.

Quem não tem essa vontade de investigar, detectar e sanar a própria ignorância e a dos demais dificilmente conseguirá educar bem. A capacidade de aprender é feita de muitas perguntas e de algumas respostas; de uma busca contínua que nunca é satisfeita; de um senso crítico saudável; de uma receptividade adequada e ativa para com aqueles que merecem exercer autoridade moral sobre nós. Por isso, como já foi dito tantas vezes, o importante é ensinar a aprender, formar mentes que não sejam simples depósitos de conhecimento, mas pessoas capazes de pensar por si mesmas, de buscar e encontrar a informação relevante e confiável de que necessitam, de tomar decisões.

*Uma boa educação
deve aumentar a capacidade
de questionar os outros
e de questionar a si mesmo.*

Sem essa inquietação saudável, dificilmente chegamos a conhecer as coisas, mesmo que estas apareçam e reapareçam incessantemente.

Trata-se de uma questão árdua. A prova de que as coisas ainda precisam melhorar muito vem de que, na educação infantil e no ensino fundamental, os professores ficam impressionados com a quantidade de perguntas que as crianças fazem, ao passo que na universidade reclamam de que os alunos quase não fazem perguntas em sala de aula. O que acontece, durante esses anos que separam a escola da faculdade, para que desistam de questionar?

CAPÍTULO 8
OS SENTIMENTOS E a PERSONALIDADE

> O mundo exterior até pode te fazer sofrer,
> mas só tu tens o poder de te tornares
> azedo como o vinagre.
> Georges Bernanos

Um caso trágico

Daniel Goleman conta o trágico caso de um chefe autoritário e dominador que aterrorizava cada um dos seus subordinados. O fato nem teria tanta relevância se seu trabalho fosse outro, mas acontece que Malburn McBroom — assim se chamava — era piloto de avião.

Certo dia, em 1978, sua aeronave se aproximava do aeroporto de Portland, nos Estados Unidos, quando ele de repente percebeu que estava com problemas no trem de pouso. Diante dessa situação de emergência, McBroom começou a dar voltas pela pista, enquanto tentava resolver o problema sozinho.

Ele ficou tão obstinado que, durante aquele tempo, gastou todo o combustível, enquanto os copilotos, temendo as explosões de raiva do piloto, permaneceram em silêncio até o último instante. Por fim, o avião acabou fazendo, a duras penas, um pouso de emergência, e dez pessoas morreram no acidente. A história desse acidente tornou-se objeto de estudos e passou a integrar os programas de treinamento de pilotos. Quase 80% dos acidentes aéreos são causados por erro humano, e em muitos casos poderiam ter sido evitados se a tripulação tivesse trabalhado mais em equipe. Por isso, a preparação e a consequente seleção de um piloto de linha aérea não atendem apenas à competência estritamente técnica, mas também a questões básicas, como saber ouvir, desenvolver a capacidade de autocrítica e o espírito de colaboração, ter uma boa comunicação com os colegas etc.

Embora os acontecimentos do nosso dia a dia não costumem ter o peso trágico de um acidente aéreo, é claro que em qualquer ambiente podemos encontrar exemplos semelhantes ao triste acontecimento naquela cabine do avião. Erros éticos, pessoas assustadas, um chefe tirano ou qualquer outra das muitas combinações possíveis de deficiências emocionais podem resultar em consequências destrutivas para a vida de uma empresa, de uma família, de um centro educacional e de qualquer outra comunidade humana.

As habilidades que promovem a harmonia entre as pessoas são cada vez mais valorizadas no mundo profissional, e felizmente o antigo protótipo do executivo agressivo e belicoso está gradativamente dando lugar a outro perfil: mais moderado e inteligente, assim como mais experiente nas relações interpessoais.

Questões como essas estão cada vez mais em evidência. Se uma pessoa é incapaz de controlar sua personalidade, criará constantemente antipatia e

OS SENTIMENTOS E a PERSONaLIDaDE

ressentimento no meio em que está inserida, ou não terá a sensibilidade necessária para captar o que as pessoas ao seu redor sentem; assim, seu valor pessoal e profissional será significativamente diminuído.

Ao contrário, quem for capaz de se sintonizar com os sentimentos dos outros saberá superar as diferenças pessoais antes que elas se transformem em abismos insondáveis. Terá a capacidade de reunir pessoas em projetos conjuntos e criar um ambiente de trabalho que estimule o talento de cada um; e, quanto a si próprio, poderá conhecer bem as suas aptidões, concentrando-se em seu trabalho e sabendo como agir para encontrar a motivação necessária.

Um correto relacionamento consigo

Uma personalidade psicologicamente saudável requer antes de tudo um bom autoconhecimento e uma autoestima equilibrada. Quem não ama a si mesmo não pode amar outra pessoa, já disse Quevedo, e quem não conhece a si mesmo também é incapaz de amar-se. É preciso cultivar um sentimento ponderado de valor pessoal, isto é, aquilo que, com maior ou menor acerto, muitos chamam de autoestima.

Mas essa coisa de autoestima soa como amor-próprio...

Talvez a palavra autoestima não seja das mais felizes, mas não é fácil encontrar outra melhor. É preciso ressaltar que não se trata de amor-próprio em seu significado vernáculo mais corrente, ou seja, algo que denota altivez, orgulho, arrogância; tampouco se trata de narcisismo ou coisa do tipo.

A autoestima se refere a um sentimento saudável e equilibrado de apreciação e estima por si mesmo.

*Assim como toda pessoa
sente uma necessidade inevitável
da estima dos demais,
ela também precisa nutrir
certa estima por si mesma.*

Pessoas que sempre julgam a si mesmas de maneira negativa, e que portanto nutrem uma visão ruim de si, tendem a ser pessoas que sofrem e fazem sofrer. E não só isso: elas também contribuem, com sua conduta, para que suas terríveis projeções acabem sendo cumpridas, pois quem se avalia mal acaba transmitindo essa má impressão aos outros, entrando facilmente, assim, num círculo vicioso: a autoavaliação negativa da pessoa ecoa nos ouvidos dos demais a má impressão que ela mesma transmite.

Suponho que essa seja uma conduta que se desenvolve já nos primeiros anos de educação.

Sem dúvida. Quando, por exemplo, os pais têm uma personalidade obsessiva ou intimidante e tendem a se comportar de forma excessivamente severa, crítica ou exigente, é comum que essa atitude acabe engendrando uma baixa autoestima nos filhos. O filho percebe que, se faz as coisas bem, os pais dizem que isso é sua obrigação, sem dar sinal de alegria ou afeto; e, se ele não faz as coisas perfeitamente bem, os pais o repreendem duramente ou insistem, cheios de frieza, em que ele poderia ter feito melhor.

OS SENTIMENTOS E A PERSONALIDADE

Conclusão: quer a criança reaja aos pais com hostilidade, quer se esforce arduamente para obter sua exigente aprovação, em ambos os casos sua autoestima estará habitualmente em crise, oscilando entre a frustração de nunca agradar os pais e a de não conseguir sequer decidir sobre a própria vida. Quando criado num ambiente em que foi desvalorizado ou no qual seus defeitos eram excessivamente ressaltados, o indivíduo tende a ser temeroso e inseguro: teme a si mesmo porque, durante muito tempo, temeu os outros, e com razão.

Antes você falou sobre crescer em autoconhecimento e autoestima. Porém, quanto mais a pessoa se conhece, mais defeitos ela descobrirá, e mais evidentes... Por isso, sentirá cada vez menos respeito por si mesma.

Conhecer bem os próprios defeitos e limitações não implica nenhum desprezo por si mesmo. Acontece como no amor que se oferta a outra pessoa: é preciso conhecê-la bem e amá-la mesmo com seus defeitos e limitações, que não são ignorados; se, pelo contrário, apenas o bem de alguém fosse digno de ser amado, esse amor não seria um amor verdadeiro, mas um amor possessivo e interessado. O amor autêntico consiste em amar a pessoa em sua totalidade. Quem ama sabe que no ser amado há partes mais valiosas do que outras e sempre deseja que ele melhore em cada uma delas; para isso, contudo, tem de ser capaz de amá-la como é por inteiro, incluindo o que tem de mais e menos valioso. O mesmo se aplica ao tipo de amor que temos de nutrir por nós mesmos. É necessário que apreciemos a nós mesmos em nossa inteireza. Se considerarmos apenas nossas características mais positivas ou se nos concentrarmos apenas nas negativas, nossa autoestima será frágil e quebradiça.

Sentimentos de inferioridade

Como apontou Javier de las Heras, o sentimento de inferioridade se deve à existência de um defeito que é vivenciado como algo vergonhoso, humilhante, indigno de uma pessoa, inaceitável. Em não poucos casos, trata-se apenas de um defeito presumido, pois, quando se revela e é percebido exteriormente com um mínimo de objetividade, verifica-se que não há razões imperiosas para considerá-lo como tal, ou ao menos que esse defeito está recebendo importância exagerada.

Em alguns casos, tais defeitos são de natureza física ou estética; noutros, baseiam-se em supostas carências relacionadas a dotes pessoais de outra ordem: capacidade intelectual, senso prático, memória, nível de estudos ou educação, domínio das convenções sociais ou das relações humanas etc. Noutras ocasiões, não se trata propriamente de um defeito, mas de um sentimento de vergonha ou retraimento devido à própria origem, ao passado, ao ambiente familiar, ao meio social etc.

Seja o que for, esse defeito ou limitação produz uma intensa rejeição na pessoa que o possui, que não é capaz de aceitá-lo como tal ou encará-lo. O indivíduo se sente condicionado e, às vezes, até frustrado pela sensação de impotência que se deve

OS SENTIMENTOS E A PERSONALIDADE

à convicção de que não conseguirá se livrar daquele defeito e não encontrará meios de extirpá-lo.

O normal é que esses sinais interiores — que muitas vezes não são nem previsíveis, nem evidentes ao mundo exterior — constituam um motivo intenso e profundo de inquietação, condicionando sobremaneira a personalidade e o comportamento de quem os identifica dentro de si. Em alguns, isso produz uma tendência doentia da buscar segurança em tudo o que acham que lhes pode dar prestígio perante os outros. Um estudante, por exemplo, pode chegar ao esgotamento se buscar, de maneira desenfreada, tirar notas muito altas, destacar-se na força física ou nos esportes, ser crítico ou agressivo, ser mais ousado e desinibido do que qualquer outro em questões sexuais... É algo que acontece mais do que imaginamos e que é relativamente fácil de corrigir se um bom educador souber lidar com isso.

A forte carga subjetiva desse tipo de sentimento pode fazer com que um indivíduo com qualidades muito superiores à média das pessoas ao seu redor seja dominado por um sentimento de inferioridade proveniente de uma questão simples e de pouca importância. Pode ser esse, por exemplo, o caso de uma pessoa bonita, mas que tem um pequeno defeito físico e deixa-se controlar subjetivamente por ele; ou de alguém com um currículo brilhante, mas com alguma limitação (por exemplo, nas relações humanas) que o leva a achar que está fazendo tudo errado, o que gera forte insegurança etc.

O pior é que, às vezes, esse sentimento de inferioridade ultrapassa os limites naturais daquele defeito ou limitação, permeando completamente a avaliação que o indivíduo faz de si mesmo e gerando nele um sentimento geral de decepção. É como se a percepção global que se tem de si mesmo fosse contaminada por esse sentimento de inferioridade. Suas consequências mais comuns são a insegurança e a instabilidade emocional. Além disso, sentindo-se inferior, o indivíduo tem dificuldade em ousar fazer as coisas de acordo com seus próprios critérios, duvidando constantemente da sua capacidade, irritando-se com facilidade e dependendo demais da opinião alheia.

E qual é a solução para esse problema?

Em muitos casos, bastaria aprender com a atitude de Robinson Crusoé, protagonista do famoso romance de Daniel Defoe. Esse homem sobreviveu 28 anos numa ilha deserta graças à sua engenhosidade, à sua habilidade e, sobretudo, ao fato de ter se esforçado para ver a situação em que se encontrava mais pelo lado positivo do que pelo negativo. Foi assim que se acostumou a focar mais em suas satisfações do que em suas privações, ao que entendeu que a maioria das pessoas não aproveita o que tem porque cobiça demais o que não tem.

*A aflição causada
pelo que não temos
advém da nossa pouca gratidão
pelo que temos.*

Em outros casos, esses sentimentos de inferioridade se referem a uma pessoa próxima com quem o

OS SENTIMENTOS E A PERSONALIDADE

indivíduo se compara — ou é comparado — constantemente e que se torna uma causa permanente de frustração. Trata-se de um efeito que às vezes afeta, por exemplo, pessoas cuja autoestima foi desde a infância prejudicada por comparações constantes com um irmão mais brilhante (que ele nunca consegue superar, por mais que tente); ou por causa de um desejo exorbitante de se destacar entre os colegas mais bem dotados; ou em razão de um sufocante afã de ser competente em mais coisas do que se pode ser etc. O mesmo também acontece, por vezes, no próprio casamento, quando se comete o erro de entrar numa dinâmica de rivalidade — seja pelo afeto dos filhos, pela autoafirmação profissional, nas relações sociais etc.

E esses sentimentos de inferioridade costumam aparecer aos poucos ou podem vir de repente?

O mais normal é que se instalem gradativamente, conforme o defeito ou limitação correspondente é percebido como tal na própria intimidade, que é onde essas batalhas são ganhas ou perdidas.

No entanto, às vezes aparecem de maneira abrupta, como consequência direta de uma experiência ruim ou do comentário de uma pessoa que destaca — objetiva ou subjetivamente — o defeito em questão de tal modo que torna aquele momento intensamente humilhante e traumático, o que causa um impacto decisivo na personalidade.

Em que momentos da vida isso costuma acontecer mais?

Os momentos mais propensos a essas impressões são o final da infância e todo o período da adolescência, razão pela qual é determinante que, nessas etapas, o jovem indivíduo cresça em estabilidade e autoconfiança, a fim de que desde cedo se torne seguro de si mesmo.

Imagino, no entanto, que os sentimentos de inferioridade possam ser tão prejudiciais quanto os de superioridade.

Muitos autores dizem que as atitudes de superioridade muitas vezes têm sua origem na tentativa de compensar um sentimento de inferioridade profundamente enraizado. Esses complexos hipercompensados costumam levar a atitudes presunçosas, arrogantes e inflexíveis. Deste modo, a pessoa fica envaidecida e tende a tratar os outros com pouca consideração; e se, às vezes, se mostra mais tolerante ou benevolente, o faz com uma insinuação paternalista, como se quisesse enfatizar ainda mais sua deselegante atitude de superioridade.

Pessoas assim gostam de dar muita importância a si mesmas, exagerando seus méritos e habilidades sempre que podem. Sempre encontram um jeito de falar, não raro até com aparente modéstia, de maneira a causar — assim pensam — admiração e deslumbramento no interlocutor. Tendem a ser bastante sensíveis à lisonja e, por esse motivo, tornam-se presas fáceis para bajuladores. Fingem desprezar as críticas, mas na realidade as analisam com cuidado e esperam maliciosamente a oportunidade de revidar. Estão sempre atentas à própria imagem — que, com frequência, não é nada autêntica — e muitas vezes recorrem à defesa de ideias polêmicas, ou a uma aparência externa peculiar e excêntrica, para assim figurarem como pessoas originais ou com traços de genialidade. Buscam uma forma de surpreender, com o intuito de obter dos outros algum eco que os reafirme e se convencerem da sua idealizada identidade. Trilhando o caminho da inferioridade, acabam descambando no mais frustrante narcisismo.

A autoestima e os estados de espírito

Quando uma pessoa está desanimada, vê-se pior do que realmente é, o que frequentemente faz diminuir o apreço que tem por si mesma. O contrário também é verdadeiro.

> A autoestima e os estados de espírito
> tendem a melhorar ou piorar
> paralelamente.

Uma autoestima muito baixa tende a gerar desânimo e falta de ousadia, a atrapalhar o desenvolvimento das aptidões pessoais e fazer o indivíduo ver como algo inatingível aquilo que não o é. Com tal comportamento, é provável que a derrota venha de antemão, antes mesmo de a batalha ser travada, já que o indivíduo subestima a si mesmo de forma injustificada.

Creio que essa pessoa precisa de alguém que a faça ver o seu verdadeiro valor.

Sim. Contudo, caso essa baixa autoestima tenha se enraizado profundamente, fazê-la compreender esse erro não será fácil. Uma pessoa que se encontra nesse estado tem dificuldade em emitir qualquer juízo positivo sobre si mesma. E, quando outras pessoas tentam mostrar isso a ela, é provável que interprete tudo como uma bajulação infundada ou como meros elogios gentis, talvez até mesmo como uma ignorância ingênua da realidade ou uma tentativa de provocar.

Por outro lado, corre-se o risco de haver um excesso de autoestima.

Se ter uma autoestima elevada leva a pessoa a pensar apenas em si mesma, a se valorizar mais do que realmente vale, a ser egoísta e presunçosa etc., é evidente que isso é ruim. Nesse sentido, pode-se dizer que tanto a autoestima baixa quanto a autoestima excessivamente elevada são destrutivas para a personalidade e nada saudável sob o ponto de vista psicológico.

Em casos patológicos, os dois extremos podem figurar como consequência de transtornos psíquicos ou aumentar o risco de adquiri-los. A maioria dos casos de depressão está associada à baixa autoestima, por sua vez relacionada a sentimentos patológicos de culpa, insegurança, decepção, falta de disposição etc. Por outro lado, em outros transtornos, como delírios de megalomania e mania de grandeza, durante as fases eufóricas do transtorno de bipolaridade etc., geralmente ocorre um excesso patológico de autoestima.

Convém ressaltar que sentimentos de culpa, vergonha ou insatisfação em relação a algo que fizemos ou deixamos de fazer não são sentimentos bons ou ruins em si; serão, aliás, bem necessários quando fizermos algo ruim: nesse caso é bom que nos sintamos culpados e envergonhados. Noutras vezes, porém, serão ruins porque nos atormentarão inutilmente, causando um efeito negativo. Trata-se, portanto, de sentimentos que, como todos, devem ser ponderados e adequados de caso em caso.

À medida que a pessoa amadurece e se fortalece, o nível de autoestima se estabiliza graças ao autoconhecimento que ela adquire, bem como aos critérios mais sólidos que ela encontra para justificar sua visão de si. Assim, já não é tão fácil que uma opinião favorável ou desfavorável, um simples acerto ou erro, uma boa ou má notícia, causem fortes oscilações em seu estado de espírito ou sua autoestima.

Acredito que isso influencia muito o modelo de vida a que se aspira.

Decerto. É fácil perceber, por exemplo, que o sucesso social ou profissional não é suficiente para garantir a autoestima. Se baseamos nosso ideal em alcançar grandes resultados econômicos ou reconhecimento social, deixando de lado outros critérios mais sólidos, é provável que nossa vida emocional não vá bem, quer alcancemos essas conquistas ou não. Com efeito, verifica-se constantemente que, se os modelos de sucesso se reduzem a apenas uma parte da vida, e não à sua totalidade, no final esses êxitos não satisfazem nem mesmo aqueles poucos que os conseguiram alcançar.

Isso não quer dizer, creio eu, que se deva rebaixar os ideais a fim de evitar decepções.

Essa seria uma saída equivocada. É a estratégia do ceticismo como modo de viver, em que se extingue um senso saudável de imitação e, em vez disso, se exalta a completa ausência de ideais — por conseguinte, a mediocridade. Rebaixar os ideais e dizer que nada importa, ou que hoje "é cada um por si" e pronto, são comportamentos que não trazem nenhum resultado positivo.

A autoestima e a vontade de melhorar

O homem pode e deve aspirar a melhorar todos os dias ao longo da vida.

*E uma boa maneira
de progredir na autoestima
consiste em avançar no próprio
aperfeiçoamento pessoal.*

Eis um exercício que sempre enriquece a nossa vida e a dos que estão à nossa volta.
Mas nunca se chega à perfeição; logo, a tentativa de ser perfeito acaba gerando frustração...
O ideal de buscar o aperfeiçoamento próprio não deve ser confundido com um perfeccionismo frustrante e doentio. Querer chegar o mais próximo possível de um ideal de perfeição é muito diferente de ser perfeccionista ou de embarcar na utópica pretensão de não ter defeitos (ou, o que é ainda mais perigoso, de querer que os outros também não os tenham).
O homem tem de enfrentar seus defeitos com humildade e inteligência, aprendendo com cada um deles e tentando evitar que se repitam, bem como

OS SENTIMENTOS E a PERSONaLIDaDE

conhecendo suas limitações a fim de não se expor desnecessariamente a situações que vençam sua resistência. Assim, ele será capaz de entender melhor os defeitos dos outros e saberá como ajudá-los. Seu coração terá, como escreveu Hugo Wast, a invencível força dos humildes.

A tarefa de se aprimorar não deve ser encarada com tensão, com angústia, com estresse. Deve se tratar, antes, de um esforço contínuo, que se enfrenta no dia a dia, de bom grado, com espírito leve, consciente das dificuldades que surgirão, mas também conscientes do papel determinante que a constância possui. Essa atitude torna o homem mais sereno, faz com que ele tenha mais garra pessoal. Certos percalços decerto o afetarão, mas geralmente serão turbulências superficiais e temporárias; além disso, os eventuais infortúnios, dos quais ninguém está livre, não produzirão feridas profundas.

Anteriormente, você chegou a mencionar que exigências excessivas podem afetar a autoestima. Mas penso se não seria pior uma excessiva indulgência para consigo mesmo...

Seria. Por exemplo: a educação básica em alguns países ocidentais moveu esforços, durante as últimas duas ou três décadas, no sentido de aumentar a autoestima dos alunos, elogiando-os mesmo diante de resultados desanimadores. Acima de tudo, tratava-se de impedir que eles desanimassem, sustentando a ideia de que, educando desta forma, os alunos teriam bem menos problemas no futuro, pois a sua autoestima elevada os impediria de aderir a comportamentos antissociais.

A realidade é sempre implacável: os resultados têm feito que cada vez menos especialistas acreditem que esse seja um bom método pedagógico. Além disso, a autoestima falsa pode causar muito mais danos. Uma educação comprometida em nunca culpar ninguém e convencida de que qualquer opção pode ser boa faz com que as pessoas acabem se escondendo em suas opiniões e ações, tornando-se, assim, insensíveis a conselhos ou a qualquer crítica construtiva, uma vez que toda observação que não seja elogiosa será recebida negativamente.

> *O excesso de autoindulgência,*
> *os elogios desmedidos*
> *e a relativização de tudo*
> *costuma, em vez de evitar*
> *o surgimento de patologias,*
> *incrementá-lo.*

Dizer a crianças e alunos que consideramos correto aquilo que é duvidoso, que eles devem fazer o que quiserem desde que o façam com convicção, ou outras coisas do tipo, acaba deixando-os em uma posição muito vulnerável, a qual os fará se sentir tremendamente decepcionados quando se depararem com a dura e implacável realidade da vida. Como salientou Laura Schlessinger, é melhor fundamentar a autoestima em realizações reais, mostrando aos alunos que eles precisam pensar nos outros e tentar ajudar o próximo — ou seja: fazer algo realmente útil. Não se trata de mandar que eles cavem buracos, elogiar esse trabalho e depois tapar tudo.

OS SENTIMENTOS E A PERSONALIDADE

*Trata-se de avançar
no caminho da virtude,
de parar de reclamar tanto
dos próprios problemas,
aproveitando-os para forjar o próprio caráter,
a própria personalidade.*

Sentimentos de insatisfação

Dizem que os dinossauros foram extintos porque evoluíram da maneira errada: muito corpo e pouco cérebro, grandes músculos e pouco conhecimento.

Algo semelhante ameaça o homem que desenvolve em excesso sua atenção ao sucesso material, enquanto sua cabeça e seu coração se tornam cada vez mais vazios e estagnados. Talvez tenham um alto padrão de vida, qualidades notáveis, e tudo indica que devem se sentir muito felizes. No entanto, quando investigamos seus verdadeiros sentimentos, não raro descobrimos que se encontram profundamente insatisfeitos. Surge aí um primeiro paradoxo: muitos deles não sabem explicar o porquê de tal insatisfação.

Em alguns casos, essa insatisfação provém de uma dinâmica de consumo pouco moderada. Chega um momento em que eles percebem que o desejo de possuir e desfrutar cada vez mais as coisas materiais só se aplaca, e de forma fugaz, quando conquistam algo, ao que veem como novas insatisfações surgem imediatamente, diante das tantas outras coisas que ainda não possui. É uma espécie de tirania que certas tendências e costumes sociais impõem contra o indivíduo, sendo fundamental que se tenha uma boa dose de sabedoria de vida para não cair nessa armadilha (ou para sair dela) e, assim, evitar tanto sofrimento inútil.

Noutras pessoas, a insatisfação provém da mesquinhez de seus corações. Embora dificilmente o admitam, elas sentem vergonha da vida que levam e, se mergulharem um pouco dentro de si, descobrem muitas coisas que os fazem sentir nojo de si mesmas. Isso muitas vezes as leva a maltratar os outros, pois descontam neles aquilo que sentem dentro de si.

Por outro lado, quem soube seguir um caminho de honestidade e verdade, ignorando as mil justificativas usadas para encobrir qualquer hesitação ("todos fazem isso", "é apenas uma pequena concessão, algo excepcional", "não estou prejudicando ninguém", entre outras), costuma se sentir satisfeito, pois não há nada mais ingrato do que conviver consigo mesmo quando se é mesquinho.

Às vezes, essa insatisfação se deve a algum sentimento de inferioridade, como já apontamos em páginas anteriores; outras, tem sua origem na incapacidade de se controlar, como acontece com aqueles que são dominados por seus próprios impulsos de raiva ou agressividade, pela falta de moderação na comida ou na bebida etc. Assim, uma vez recuperado o controle de si, eles ficam assustados e se arrependem, sentindo um desgosto profundo por quem são.

As manias também são fonte de sentimentos de insatisfação. Quando criam raízes no indivíduo, elas podem se tornar fixações reais que tornam bem árdua a tarefa de se levar uma vida psicologicamente saudável. Além disso, se o indivíduo não for capaz de enfrentá-las superá-las, as manias tendem, com o passar do tempo, a se espalhar e se multiplicar.

Algo semelhante poderia ser dito sobre as pessoas que vivem dominadas por sentimentos de solidão, dos quais costuma ser difícil escapar. Muitas vezes isso se deve a uma atitude de orgulho (que os impede de enfrentar o isolamento de que padecem, recusando-se a aceitar que, de fato, estão sozinhos); noutras vezes, porque não sabem para onde ir, deixando de expandir seu círculo de amizade, ou mesmo porque lhes falta desenvoltura para se relacionar.

Porém, uma pessoa cuja vida social seja intensa também pode se sentir muito solitária às vezes.

Sim, pois todo aquele exuberante vigor que ela ostenta socialmente pode ser superficial e encobrir uma solidão mal resolvida; ou porque seus contatos e relacionamentos são mantidos quase que exclusivamente por interesse; ou ainda porque, no caso de pessoas famosas ou bem-sucedidas, percebem aquele tratamento social como impessoal demais, bajulador etc.

É certo, contudo, que o contrário também pode acontecer e que a solidão seja apenas aparente. Há pessoas que creem que os outros não se importam tanto com elas, até que um belo dia passam por algum evento extraordinário e se surpreendem com a quantidade de gente que lhes oferece ajuda. A satisfação que sentem dá, então, uma ideia da importância de estar perto de quem atravessa momentos difíceis.

Pessoas interessadas nos demais

"Assim era a minha mãe", recordava a protagonista do romance de Mercedes Salisachs. "Ela trilhava um caminho de renúncias semeado com anseios que poucas vezes manifestava".

"Seu exemplo era um desafio constante às minhas reações egoístas. Certo dia, exasperada, perguntei como ela conseguia sentir amor por todo mundo. Sua resposta me intrigou. Ela olhou para mim, atônita, como se eu fosse um ser de outro planeta, e disse: 'Minha filha', e, batendo levemente na minha testa, como se quisesse me acordar, prosseguiu, 'de onde você tirou que eu sempre sinto isso? O verdadeiro amor nem sempre se sente, mas se pratica'.

"Ela costumava dizer: 'Praticar o amor é a melhor forma de amar, filha. Não é necessário que você *sinta* amor pelas pessoas — enfatizou —, mas que as ajude. Você verá com que rapidez gostará delas'. Eu então a contrariava, mencionando pessoas que ela não poderia amar, ao que ela respondeu: 'Quando você sentir ódio de uma pessoa, lembre-se de que ela tem mãe e filhos, e também que tem ainda outras pessoas que a amam assim como você ama os seus'. Tente se colocar no lugar deles e você vai deixar imediatamente de odiar'. Minha mãe insistia em que não há como amar sem rejeitar o egoísmo, sem viver para os outros, e que uma vida sem amar os outros é pior do que viver num tenebroso deserto".

OS SENTIMENTOS E A PERSONALIDADE

O amor e o carinho pelos outros, junto com a generosidade e a diligência que sempre vêm nisso implícitas, são a principal fonte de paz e satisfação interior. Por outro lado, a dinâmica do egoísmo e da preguiça sempre leva a um beco sem saída de aborrecimentos e insatisfação pessoal. É por isso que pessoas com um bom nível de satisfação interior tendem a tratar os outros com carinho, têm facilidade em compreender as limitações e fraquezas alheias e raramente são duras ou impiedosas em seus julgamentos. Todavia, o que mais caracteriza essas pessoas é o fato de serem interessadas pelas outras, e elas são assim porque esse é o único meio de crescer e se aperfeiçoar.

Não devemos esquecer, além disso, que mesmo as satisfações mais materiais precisam ser compartilhadas com os outros, ou pelo menos remetidas a eles. Ninguém consegue desfrutar de uma casa ou de um carro que acabou de comprar, de uma peça de roupa nova, de sua beleza física, de um título acadêmico ou de uma boa cultura, se não tiver ao seu redor pessoas que o olhem com carinho, que se alegrem e possam desfrutar de tudo isso ao seu lado. Quem não consegue — ou não quer — compartilhar suas alegrias cairá, mais cedo ou mais tarde, num profundo sentimento de tristeza e frustração.

Mais cedo ou mais tarde,
o egoísmo revelará
sua face horrenda
a todo aquele
que permitiu que ele se apoderasse
dos seus sentimentos.

Processos de autoengano

"Posso dizer que não tenho consciência do engano em meu interior?", perguntava-se, atormentado, o protagonista do romance de Van der Meersch.

"A verdade é que, quando reflito a fundo, percebo o que se passa. Porém, via de regra, não reflito e me recuso a ver. Há algo dentro de mim que me impede de refletir ou que deturpa minhas conclusões, que me dá todo tipo de falsas razões, as quais, mesmo sabendo-as falsas, continuo aceitando de bom grado".

Todas as pessoas sofrem — com maior ou menor frequência, em maior ou menor grau — por processos de autoengano, os quais costumam advir de um desejo intenso que perturba o discurso lógico do pensamento, forçando-o a se dobrar em seu favor de forma mais ou menos consciente.

O problema é que o autoengano tem a infeliz capacidade de fazer com que aqueles que são acometidos por ele teimem em reconhecê-lo (daí se tratar de um autoengano), de modo que, se alguém tenta fazer a pessoa enxergá-lo, revelando suas contradições, não raro — mesmo sabendo ser verdade o que lhe é dito — reagem obstinadamente, negando-o e usando todo tipo de argumentos, com raciocínios elaboradíssimos destinados a dissimular suas evidentes contradições.

A influência que tantos desejos, demandas e tendências exercem sobre nós pode nos fazer interpretar mal a realidade, conduzindo-nos ao autoengano. Por isso, adquirir coerência pessoal exige o esforço constante de ser honesto consigo mesmo. É preciso que

OS SENTIMENTOS E A PERSONALIDADE

sejamos sensíveis — sem resvalarmos em extremos patológicos — a esses pensamentos que, ecoando em nosso interior, denunciam detalhes inconsistentes em nossa vida; além disso, não devemos nos deixar levar por desculpas e justificativas que tentam transferir a nossa responsabilidade ou para os outros, ou para as condições que as circunstâncias nos impõem etc.

O nível de autoengano em que alguém se encontra escancara o seu nível de coerência pessoal.

Porém, pode-se ser coerente tanto no bem como no mal, e ser coerente no mal é, no fim das contas, um engano.

Exato. E, por isso mesmo, o nível de coerência pessoal não é, em si, uma escala de valor ético. Há pessoas que vivem com grande coerência princípios baseados no egoísmo; e assim como são se mostram egoístas com toda a transparência, com toda a naturalidade. Claro está que essa coerência não é eticamente positiva. Além disso, quanto mais coerentes elas forem com esses seus princípios errôneos, tanto piores serão enquanto indivíduos.

A incoerência, nesses casos, é recomendada?

É mais aconselhável permanecer coerente consigo mesmo — portanto, interiormente coerente —, mas buscando sempre mudar os princípios equivocados em outros melhores. Quero, com isso, dizer que, se falamos de coerência em sua acepção mais profunda, entendida também como aquilo que é inerente à natureza humana, ser coerente consigo mesmo significa combater seriamente o autoengano.

Às vezes, por exemplo, nos enganamos e dizemos: "Não tive escolha a não ser agir assim", mas, no fundo, sabemos que isso não é verdade. Ademais, se nos acostumamos a nos enganar, por trás de cada mentira (mesmo quando elas parecem gerar certa sensação de liberdade) há todo um peso que, embora quase imperceptível, recai sobre nós pouco a pouco, turbando toda a marcha de nossa existência e trazendo-lhe inquietação interior.

E você acha que é fácil enganar a si mesmo?

Parece que sim, pois o homem tende a acreditar, sem muito esforço, no que, enchendo-o de adulação e lisonja, incrementa seu conforto ou sua vantagem. Em todo caso, tanto a voz da consciência como as críticas ou bons conselhos dos outros empreendem, dentro de nós, um movimento permanente de retorno à realidade.

Para ser coerente e não sucumbir à pompa lisonjeira, à cerimoniosa bajulação do autoengano, é importante ter consciência do poder libertador da verdade. O homem íntegro e reto pode viver sem se envergonhar, estando livre dos estressantes e desgastantes esforços da dissimulação. Ele evita o medo de ser exposto pela própria fraude, adquire mais força na hora de usar argumentos, mantém, assim, de maneira menos penosa, sua estabilidade emocional e, em suma, torna-se alguém que, cada vez mais, desfruta da vida de modo pleno.

OS SENTIMENTOS E A PERSONALIDADE

Uma nova dimensão da vida

O piloto Chuck Yeager iniciou a era dos voos supersônicos em 14 de outubro de 1947, quando quebrou a famosa barreira do som, aquele "invisível muro de tijolos" que tanto intrigava todo o mundo científico da época.

Naquele tempo, muitos pesquisadores afirmavam ter indícios científicos seguros de que a barreira do som provavelmente era intransponível. Outros ainda diziam que, quando um avião atingisse a velocidade de Mach 1, sofreria um impacto tão grande em sua fuselagem que explodiria. Houve também quem arriscasse possíveis saltos no tempo e alguns outros efeitos surpreendentes e imprevisíveis.

O fato é que, naquele dia histórico de 1947, Yeager atingiu a velocidade de 1.126 quilômetros por hora (1, 06 Mach) com seu avião Bell Aviation X-1. Houve várias dúvidas e controvérsias quanto ao seu feito. Teria realmente superado essa velocidade? Aconteceu que, algumas semanas depois, o piloto atingiu 1, 35 Mach e, e mais tarde, 2, 44 Mach, o que bastou para quebrar o mito corrente de uma barreira impenetrável.

Em sua autobiografia, Yeager escreveu: "Naquele dia de 1947, quanto mais rápido eu ia, mais suave o voo se tornava. Quando o indicador assinalou a 0,965 Mach, a agulha começou a vibrar e, pouco depois, subiu na escala para acima de 1 Mach. Parecia um sonho! Eu estava voando em velocidade supersônica e parecia tão bem que minha avó poderia estar sentada lá bebendo limonada. Foi então que entendi que a verdadeira barreira não estava no som, nem no céu, mas em nossas cabeças, em nossa ignorância".

Na vida cotidiana, às vezes algo semelhante pode acontecer. Muitas barreiras que bloqueiam o nosso aperfeiçoamento pessoal são erguidas em nossa cabeça: defeitos, limitações, circunstâncias externas etc. E talvez pareçam muros impossíveis de transpor, ou ao menos achamos que ultrapassá-los exigirá um esforço tremendamente árduo e ingrato.

No entanto, é muito provável que a realidade seja outra, que essas barreiras sejam transponíveis e que possamos superá-las. Uma vez superadas, observamos que a realidade era muito diferente e que nosso principal problema estava em não sabermos o que havia por trás delas, sendo esse talvez o motivo pelo qual não decidimos fazer o que fosse necessário para dar o primeiro passo.

Ultrapassar a barreira dos nossos defeitos, limitações e condicionantes pessoais é algo que, longe de ser simples ou fácil, não é tão complexo ou difícil assim; e, sobretudo, quando conseguimos fazê-lo, nos encontramos — como Yeager naquele dia histórico — com uma nova dimensão de vida, talvez até então desconhecida para nós, bem mais satisfatória e recompensadora do que podíamos ter imaginado.

O caminho da virtude e dos valores é um caminho que permanece oculto para muitas pessoas, que o veem como algo frio, enfadonho ou triste, ao passo que, na realidade, o aperfeiçoamento pessoal é sempre um caminho menos cansativo, mais feliz, mais interessante e mais agradável.

OS SENTIMENTOS E A PERSONALIDADE

Parece óbvio que trabalhar com má vontade, fazer sempre o mínimo possível, ser egoísta e não ser solidário etc. é mais frustrante e triste do que trabalhar com determinação e entusiasmo, ajudando os outros tanto quanto possível e tentando sempre facilitar suas vidas.

*Devemos deixar de olhar para o lado antipático
que todo esforço sempre há de nos apresentar
e nos deter, um pouco mais,
em seu lado atrativo,
em sua face amiga,
em seu efeito libertador.*

Aquele famoso debate de mais de meio século atrás repete-se com frequência no dia a dia de muita gente. Talvez seja melhor superar essas inércias do passado, atravessar a barreira da mudança pessoal e ver o que acontece. O resultado, sem dúvida, será surpreendentemente animador.

Para meditar, para pôr em prática e para não esquecer

O estilo emocional de cada um
pode ser moldado mediante
um esforço contínuo e sereno,
capaz de estimular os sentimentos
mais apropriados e conter
aqueles que, surgindo espontaneamente,
são ou negativos, ou inapropriados.

É determinante manter uma
capacidade equilibrada de autocrítica
e uma elevada sensibilidade pessoal
que nos permitam captar
o que, em nossas vidas,
não pode passar despercebido.

Para meditar

*Enquanto puder continuar me surpreendendo
com o que acontece ao meu redor,
terei a certeza de que continuo humano.*
Izrail Retter

*Começa-se ganhando dinheiro para viver
e se acaba vivendo para ganhar dinheiro:
primeiro, gasta-se a saúde e a vida
para acumular dinheiro;
e, mais tarde, gasta-se dinheiro
para recuperar a saúde e a vida.*
José María Cabodevilla

OS SENTIMENTOS E A PERSONALIDADE

Para assistir

Os miseráveis, Bille August.
Iron Will: O grande desafio, Charles Haid.
Rudy, David Anspaugh.

Para ler

Viaje hacia uno mismo, Javier de las Heras.
O coração, Dietrich Von Hildebrand.
O amor humano: seu sentido e alcance, Alfonso López Quintás.

Para conversar

Durante uma conversa com os pais, falar sobre transmitir a uma família a ideia de que, embora não possamos mudar nem nossa herança genética, nem a educação que recebemos até hoje, podemos encarar o futuro mantendo viva a esperança na grande capacidade que, por meio da educação, o homem possui de mudar.

Comentar, ainda, durante um encontro familiar, sobre o quão necessário é, para o indivíduo, ter sentimentos de apreço e estima por si mesmo, destacando que uma boa maneira de progredir em autoestima está em avançar no próprio aperfeiçoamento pessoal.

Para pôr em prática

Mônica tem dezesseis anos e é a caçula da casa. Seus dois irmãos mais velhos sempre foram alunos brilhantes. Ela, por outro lado, tem encontrado dificuldade nas disciplinas. Passa horas estudando, mas tira notas baixas e se sente decepcionada. Seus pais estão preocupados, pois muitas vezes a veem triste e abatida. Pelos comentários que faz, nota-se que ela tem a forte tendência de se comparar tanto com os irmãos quanto com os colegas de classe, o que faz enraizar-se nela certo complexo de inferioridade.

Uma tarde, conversando com a mãe depois da escola, Mônica desabafou: "Mãe, você não entende, é horrível. O que eu levo uma tarde inteira para estudar — e, no final, não me lembro de quase nada —, uma amiga minha leva apenas uma hora. Enquanto isso, lá estou eu, durante o fim de semana todo, enfiada nos estudos. E ela? Não dá a mínima e, depois, tira uma nota bem melhor. Na aula, tanto eu como ela ficamos distraídas: a professora pergunta alguma coisa, mas essa minha amiga logo se lembra de uma ou duas coisas, organiza rapidamente as ideias e dá uma resposta convincente à professora; já eu, por outro lado, fico sem saber o que dizer. Quando penso nisso, fico muito triste: todos são melhores do que eu, e isso é algo que nunca vou poder evitar, pois nada posso fazer para solucionar isso…".

OBJETIVO
Superar um incipiente complexo de inferioridade.

MEIOS
Adquirir autoconhecimento e autoestima.

MOTIVAÇÃO
Transmitir segurança à jovem Mônica, descobrindo e aprimorando seus pontos fortes.

OS SENTIMENTOS E A PERSONALIDADE

HISTÓRIA

A mãe de Mônica ficou bastante impressionada com o desabafo da filha e, à noite, discutiu o assunto com o marido. Eles conversaram longamente sobre o tema e pensaram em como fazer com que Mônica entendesse que ela não poderia passar a vida lamentando os talentos que não tinha. "Talvez a primeira coisa", pensaram, "seja ela se dar conta de que tem talento para muitas coisas".

Tendo examinado várias possibilidades, os pais concluíram que a filha tinha muitas virtudes: era generosa, sincera, leal; além disso, era boa nos esportes, tinha bom ouvido para aprender idiomas e era muito rápida e intuitiva quando o assunto era computação. À mãe surgiu uma ideia quando se mencionou a área da computação: "Podemos começar com isso. Vou propor a Mônica que me acompanhe no escritório na quarta-feira à tarde, dia em que não tem aula".

RESULTADO

Mônica estava animada para ajudar a mãe no escritório. Foram horas de trabalho intenso, ao longo do qual ficou claro que a menina era muito eficiente. Um colega de trabalho comentou exatamente isso. Quando Mônica ouviu esse comentário, ficou visivelmente cheia de satisfação.

A quarta-feira seguinte foi muito parecida, porque no escritório havia muitos trabalhos pendentes. O ponto máximo foi quando se descobriu que Mônica lia e escrevia em inglês com muita fluência e desenvoltura: mais uma vez, rasgaram-se elogios à garota, todos justíssimos.

Ao voltar para casa, a menina estudou mais. Durante a noite, comentou com a mãe: "A tarde de hoje valeu muito para mim. Trabalhamos três horas, depois estudei mais duas, e estou menos cansada do que nos outros dias em que não faço nem metade disso."

A mãe a ouviu mais um pouco e, gradualmente, foi manifestando algumas das ideias sobre o assunto que vinha lendo por aqueles dias (ela era do tipo que gosta de se informar). Falou com a filha sobre como as pessoas que sofrem com essas preocupações devem se convencer de que não é verdade que sejam inferiores em quase tudo, e nem que suas limitações não podem ser remediadas. A natureza costuma conceder seus dons de maneira bem mais abrangente do que parece, e outras pessoas com limitações muito maiores tiveram sucesso na vida e foram muito felizes, pois, a despeito de suas limitações, têm muitas outras qualidades, provavelmente mais importantes do que aquelas outras que tanto as deslumbram nos demais. Além disso, a mãe disse ainda que, muitas vezes, aquele que tem menos talentos, mas se esforça para executá-los, mesmo que pareçam escassos, acaba superando outros bem mais capazes.

Mônica entendeu, então, que não devia mais continuar enxergando sua existência como o que *poderia ter sido* caso ela tivesse nascido com dons diferentes ou agido de outra maneira. A jovem compreendeu que podia, e devia, viver aceitando-se como era, tirando proveito de seu talento natural e deixando de viver na fantasia. Descobriu, também, que sua falta de autoestima a fazia desejar pouco e que, assim, ela

OS SENTIMENTOS E A PERSONALIDADE

exigia sempre muito pouco de si, iludindo-se facilmente com devaneios que no fundo não passavam de pura preguiça. Mônica entendeu que o melhor da vida é ser quem somos e tentar ser um pouco melhor a cada dia. Em poucas semanas, sua postura perante a vida mudou significativamente.

ROTEIRO DE TRABALHO
Primeira parte
Capítulos 1 e 2

METAS
— Conhecer a si mesmo.
— Controlar os próprios sentimentos.
— Controlar a raiva, a tristeza e a preocupação.

TRABALHO INDIVIDUAL
1. Faça uma leitura rápida e outra lenta, marcando o que é importante.
2. Anote as dúvidas que surgirem após a interpretação do texto.
3. Analise os defeitos, relacionados à educação, que afetam os sentimentos expostos ao final do capítulo 1, na seção "Refletir sobre os sentimentos".
Escolha, a seu critério, os três mais comuns nos adolescentes de hoje. Se achar necessário, faça um plano de ação.
4. A raiva e as mudanças de humor são muito comuns entre as crianças; leia, portanto, os pontos referentes a esse assunto no capítulo 2 e faça algumas anotações para expor aos pequenos no próximo encontro que tiver com eles. Escreva seus comentários. Faça um plano de ação para promover alegria em sua casa.
5. Comente com seus filhos que fazer o bem ao próximo traz felicidade e um mau comportamento traz tristeza. Ensine-os a gostar de fazer o bem e a não gostar de fazer o mal. É bom que eles se proponham

a modelar os sentimentos dessa maneira. Dê-lhes um exemplo extraído da sua própria experiência como adulto.

6. O método funciona num sistema denominado "Aperfeiçoamento contínuo". Processos contínuos de planos de ação são colocados em prática e os êxitos, comunicados nos grupos para a melhoria de todos. Escreva um exemplo concreto dessa melhoria.

ROTEIRO DO GRUPO

1. Procure esclarecer as dúvidas de interpretação que surgirem ao ler o texto.

2. Comente os três defeitos relacionados com a educação dos sentimentos que você escolheu no ponto 3 do trabalho individual e justifique a sua escolha.

3. Explique algumas das considerações positivas, comentadas por você ou pelos seus filhos, referentes ao trabalho individual do ponto 4.

4. Comente os planos de ação realizados nos trabalhos individuais e contribua com outros planos selecionados em outros grupos de trabalho.

5. Selecione os três melhores planos de ação apresentados no presente encontro.

6. Estamos num sistema denominado "Aperfeiçoamento contínuo", e por isso cada participante apresentará o exemplo concreto que escreveu no ponto 6 do trabalho individual.

7. *Trabalho opcional*: seguindo o ponto 5 do trabalho individual, comente alguma experiência pessoal relativa a esse tópico.

ROTEIRO DE TRABALHO
Segunda parte
Capítulos 3 e 4

METAS
— Aprender a se motivar.
— Reconhecer os sentimentos alheios.
— Aprender a se portar.

TRABALHO INDIVIDUAL
1. Uma leitura rápida e outra lenta, marcando o que é importante.
2. Anote as dúvidas que surgirem após a interpretação do texto.
3. É importante ter uma boa capacidade de concentração. Nessa seção do capítulo 3 são apresentadas oito tarefas que fortalecem a capacidade de concentração. Apresente uma nova, escolha uma delas e faça um plano de ação com os seus filhos.
4. Estude com atenção os sete pontos elencados na seção "Aprender a se portar", do capítulo 4. Escolha aquele que você considera mais importante e descreva os motivos. Faça um plano de ação para melhorar neste tópico.
5. Pense em como uma criança deve ser impulsionada a sentir as necessidades dos outros, bem como sentir necessidade de ajudá-los. Faça um plano de ação.
6. Anote as áreas que devem ser consideradas num projeto educacional sobre esse assunto.

ROTEIRO DO GRUPO

1. Procure esclarecer as dúvidas de interpretação que surgiram ao ler o texto.

2. Contribua com a nova tarefa que você acrescentou às oito que fortalecem a capacidade de concentração, tais quais mencionadas no ponto 3 do trabalho individual.

3. Acerca do tema "Aprender a se portar", explique o ponto que você escolheu na seção 4 do trabalho individual e quais foram as razões dessa escolha.

4. Comente a abordagem que você fez em "Como motivar seu filho", no ponto 5 do trabalho individual.

5. Comente os planos de ação referentes aos trabalhos individuais e contribua com outros planos selecionados em outros grupos de trabalho.

6. Selecione os três melhores planos de ação apresentados no presente encontro.

7. Exponha as áreas que devem ser consideradas num projeto educacional.

8. *Trabalho opcional*: escreva pelo menos quatro princípios necessários para executar um bom serviço de autoridade.

ROTEIRO DE TRABALHO
Terceira parte
Capítulos 5, 6, 7 e 8

METAS
— Modelar nosso estilo sentimental.
— Fortalecer nossa liberdade.
— Melhorar a autoestima.

TRABALHO INDIVIDUAL
1. Faça uma leitura rápida e outra lenta, marcando o que é importante.
2. Anote as dúvidas que surgirem após a interpretação do texto.
3. É importante que as crianças saibam como reforçar a liberdade delas. Leia a seção "Sentimentos que reforçam a liberdade", no capítulo 5, e faça um plano de ação para que seus filhos melhorem nesse aspecto.
4. Leia com calma o capítulo 7. O desenvolvimento emocional abrange todas as idades. Faça um plano de ação para melhorar o desenvolvimento emocional de um de seus filhos.
5. Apoiando-se no conteúdo do capítulo 8, anote três decisões para aumentar a autoestima. Faça um plano de ação para melhorar a autoestima de um membro de sua família.
6. Pense em como melhorar os sentimentos de seus filhos em relação à fé.

ROTEIRO DO GRUPO

1. Procure esclarecer as dúvidas de interpretação que surgiram ao ler o texto.

2. É importante reforçar que a liberdade dos filhos deve ser bem compreendida. Forneça ideias que respaldem este ponto.

3. Explique o que você mais gostou no desenvolvimento emocional exposto no capítulo 7 e contribua com novas ideias.

4. Cada assistente apresentará as três decisões escolhidas no ponto 5 do trabalho individual para melhorar a autoestima.

5. Comente os planos de ação realizados nos trabalhos individuais e contribua com outros planos selecionados em outros grupos de trabalho.

6. Selecione os três melhores planos de ação apresentados neste encontro.

7. *Trabalho opcional*: relembrar as regras que devem ser cumpridas durante os encontros de educação familiar, para que se desenvolvam com eficácia.

Direção geral
Renata Ferlin Sugai

Direção editorial
Hugo Langone

Produção editorial
Juliana Amato
Gabriela Haeitmann
Ronaldo Vasconcelos
Roberto Martins

Capa
Gabriela Haeitmann

Diagramação
Sérgio Ramalho

ESTE LIVRO ACABOU DE SE IMPRIMIR
A 29 DE ABRIL DE 2024,
EM PAPEL PÓLEN BOLD 70 g/m².